CONSEILS

A UN ÉLÈVE

DU MINISTÈRE DES RELATIONS EXTÉRIEURES

CONSEILS

A UN ÉLÈVE

DU MINISTÈRE DES RELATIONS EXTÉRIEURES

Extrait de la Revue d'histoire diplomatique

IIe LIVRAISON DE 1901

PARIS

TYPOGRAPHIE PLON-NOURRIT ET Cie

8, RUE GARANCIÈRE — 6^e

1901

CONSEILS

A UN ÉLÈVE

DU MINISTÈRE DES RELATIONS EXTÉRIEURES [1]

I

DE LA LECTURE ET DE L'ÉTUDE DES MANUSCRITS DES ARCHIVES

> Apes debemus imitari, quæ, ut vagantur, flores
> ad mel faciendum idoneos carpunt : deinde quid-
> quid attulere disponunt, ac per favos digerunt.
> Ita debemus quæcumque ex diversa lectione con-
> gessimus, separare : melius enim distincta servan-
> tur ; deinde, adhibita facultate ingenii, in unum
> saporem varia illa libamenta confundere, ut, etiamsi
> apparuerit unde sumptum sit, aliud tamen esse
> quam unde sumptum est, appareat.
>
> SÉNEC. Epist. 84.

Vous avez, Monsieur, été admis aux archives, et il m'a été
permis de vous y donner communication des documens instructifs qu'on a recueillis et classés depuis environ deux siècles, et
que nous conservons pour l'usage du ministère. J'ai reçu en
même temps la recommandation expresse de veiller sur votre
travail, de vous donner des conseils, et de concourir, autant
qu'il sera en moi, au succès des efforts que vous devez faire pour

[1] Ces « Conseils » datent de près d'un siècle, et ont servi à élever bien
des générations de diplomates. Ils avaient été rédigés par un homme de
dévouement et d'expérience, bien oublié aujourd'hui, qui — par modestie
sans doute — n'y mit pas son nom et ne les fit imprimer qu'en « épreuves »,

vous instruire, pour vous former et vous rendre digne de servir un jour votre Souverain dans l'épineuse et honorable carrière où vous ambitionnez d'entrer.

Si je vous avais d'abord entretenu des difficultés sans nombre et de tous genres qu'on doit s'attendre à rencontrer à chaque pas en la parcourant; si je vous avais dit tout ce qu'il faut d'efforts pour les surmonter, combien de connaissances pénibles à acquérir, combien de qualités difficiles à concilier, il faut savoir réunir pour pouvoir se flatter de bien remplir, dans toutes les circonstances, des fonctions dont le succès intéresse presque

à un petit nombre d'exemplaires numérotés, « tous conservés aux Archives du ministère et qu'on ne pouvait consulter que dans le cabinet du garde ou dans le bureau du directeur », C'est un des exemplaires de ce travail devenu singulièrement rare et qu'aucune bibliothèque ne possède, que la *Revue d'histoire diplomatique* a reproduit textuellement, en respectant la forme un peu vieillie sous laquelle ces très utiles leçons sont présentées. On verra que le « maître », comme autrefois, n'hésite pas à s'adresser directement à son « élève ».

Ce maître était le comte d'Hauterive, dont le chevalier Artaud de Montor a écrit la vie. Il était né en 1754 et avait été nommé garde du dépôt des Archives en 1807, poste qu'il conserva jusqu'à sa mort, arrivée pendant les journées de juillet. En dehors de ses fonctions, il fut le conseiller politique fort écouté de seize ministres des Affaires étrangères qui se succédèrent pendant sa carrière, et — détail moins connu — c'est lui qui rédigeait le plus souvent, pour le *Moniteur* d'alors, les articles politiques dont l'empereur Napoléon I⁰ lui dictait les idées principales.

Sa fortune est assez singulière. Simple professeur d'un collège de l'Oratoire, il avait été présenté, à Tours, par le hasard d'une distribution de prix, au duc de Choiseul, alors en disgrâce dans un château que son séjour a rendu célèbre. Il vint souvent à Chanteloup, plut à la duchesse, et on le fit débuter, en 1781, comme « gentilhomme d'ambassade », destiné à accompagner M. de Choiseul-Gouffier en Turquie. Entré ensuite au ministère en qualité de directeur à la première direction politique par la faveur de Talleyrand, le premier Consul le fit travailler à la paix d'Amiens. Un instant même, en 1809, il fut chargé de l'intérim du ministère. Mais son œuvre principale est d'avoir remis de l'ordre dans les archives de l'hôtel de Maurepas, dont il fut pendant vingt-trois ans le gardien très jaloux. C'était un homme de l'ancien temps, absolu dans ses principes et aimant à dogmatiser. Il fit rendre au dépôt, en 1814, les papiers de Soulavie. En 1822, il transporta les archives au siège, nouvellement aménagé pour le ministère, boulevard des Capucines, dans les hôtels réunis Bertin et Wagram. Il y logeait, et y mourut le 28 juillet 1830, sans se douter de la chute des Bourbons, et fut inhumé provisoirement dans le jardin du ministère à cause des troubles de la rue.

toujours la gloire du Prince, la sûreté de l'État et les plus grands et les plus chers intérêts des peuples, je vous aurais peut-être effrayé et découragé. J'ai mieux aimé vous laisser pressentir peu-à-peu, et pour ainsi dire successivement, toutes ces peines, tous ces dangers, par la lecture des pièces qui sont comme des monumens du plus ou moins de patience, de courage et d'habileté de ceux qui, avant vous, ont eu à triompher des uns, et à supporter des autres; afin que votre discernement s'exerce à suivre avec une attention soutenue la marche des affaires, que votre esprit s'habitue au calcul des chances qu'entraîne une détermination réfléchie, et que votre caractère se forme, autant qu'il est possible de le faire avant l'épreuve, par cette espèce d'expérience anticipée que vous pourrez acquérir, en recherchant, en examinant et en jugeant les actes et les travaux de ceux qui vous ont devancé dans la carrière.

Dans cette vue, je vous ai donné, dès votre entrée aux archives, un plan d'études, ou plutôt une méthode de lecture, dont la bonté ne peut être bien constatée que par les résultats de son application. Je n'assurerai pas que, par le fruit que vous avez jusqu'à ce moment retiré de vos travaux, je puisse me prévaloir de vos progrès pour garantir avec une entière certitude la justesse et l'infaillibilité de cette méthode; mais, en examinant avec attention ce que vous avez fait, je crois pouvoir assurer que, si vous n'êtes pas parvenu, comme vous vous l'êtes proposé, à former un tableau bien ordonné des événemens et des discussions dont vous aviez à rechercher et à découvrir l'origine, l'enchaînement, le but et les résultats, c'est parce qu'en quelques points vous n'avez pas bien compris, et qu'en d'autres vous avez éludé le véritable sens des règles qui vous avaient été indiquées.

De ces deux torts, je dois le reconnaître, il en est un qui peut ne pas vous être imputé : si vous n'avez pas bien compris la méthode qui vous a été indiquée, il est possible que l'exposition que j'en ai faite ne vous ait pas été présentée avec assez de précision et de netteté. Il faut dire aussi que des explications verbales et des conseils, donnés quelquefois dans des momens où l'esprit de celui qui parle et l'esprit de ses auditeurs ne sont pas également bien disposés, ne font pas toujours la bonne impression qu'on a le désir et l'espoir de produire. Pour obvier, autant qu'il est en moi, à cet inévitable inconvénient des directions et des recommandations purement orales, je me suis proposé d'essayer si je ne pourrais pas exposer par écrit et développer avec quelque détail le plan de travail que je vous ai conseillé de suivre. Je sens, et vous vous en apercevrez bien en me lisant, qu'il est difficile de réduire en procédés réguliers et constans l'art, si l'on peut ainsi s'exprimer, d'étudier et de réfléchir, et celui d'apprendre et d'écrire sur quelque sujet que ce puisse être. Il l'est encore plus sans doute d'attacher de l'intérêt à une exposition de règles extrèmement minutieuses, et de faire bien comprendre l'importance et la nécessité de s'y conformer. Je me réserve de suppléer dans nos entretiens ultérieurs à ce qui manquera de clarté dans cette explication didactique. Vos doutes et vos méprises m'avertiront de ce que j'aurais dû vous dire pour les prévenir.

Je commencerai par mettre sous vos yeux quelques considérations générales sur le grand objet de l'étude à laquelle vous avez résolu de vous livrer.

§ Ier

Considérations générales.

Il n'est pas impossible de ramener à des principes fixes l'enseignement de la *politique* considérée comme *science*, parce que sa théorie se fonde sur des lois plus ou moins positives, et qu'elle a un objet précis et distinct, celui de régler les rapports qui existent ou doivent exister entre les Souverains. La diversité, ainsi que la mobilité de ces rapports, dépendent de la formation et de l'origine des États, des principes constitutifs des Gouvernemens, de l'appréciation réelle ou présumée de leur puissance, des variations de leur position relative, de leurs affinités, de leurs discordances, de la vicissitude des événemens, etc., etc. Or, toutes ces données sont autant de faits dont la recherche, la comparaison et l'enchaînement, peuvent très-bien devenir un objet d'étude ; et cette immense collection de mémoires, de rapports, de conventions, de traités et de correspondances diplomatiques, dont se composent nos archives, sont des moyens d'instruction qui ne laissent que l'embarras du choix à celui que la nature a doué du talent nécessaire pour les mettre utilement en œuvre.

Quant à la *politique* considérée comme *art*, je dois l'avouer, ses procédés tiennent à l'observation d'une foule de règles qu'il me semblera toujours bien difficile de déterminer. Les mêmes événemens se reproduisent, il est vrai, à des époques différentes, et les mêmes sujets de discussion occupent, tantôt successivement et tantôt simultanément, des hommes que les plus grands intervalles de temps et de distance séparent. Mais les incidens, les circonstances soudaines et inaperçues, le caractère des acteurs, la différence des mœurs, des intérêts et des vues, changent tellement et si subitement l'aspect des affaires, que les mêmes sujets présentent, au moment qu'on s'y attend le moins, une dissemblance frappante et inattendue ; les exemples qu'on avait choisis pour moyens de direction, cessent de fournir une règle de conduite, et aucune règle ne peut plus s'appliquer rigoureusement à l'objet de la discussion. Le motif de se déterminer ne se trouve dès lors que dans la connaissance pleine et entière de toutes les circonstances où l'on se trouve, et dans la prévoyance des événemens plus ou moins probables qui peuvent les changer.

Toutefois, vous ne devez pas conclure de ces difficultés, que la politique, considérée comme art, ne puisse pas être un objet d'étude. Cet art ne peut être assujetti à des règles fixes; mais ses procédés ont des formes qu'il faut connaître dans toutes leurs variétés : ces formes sont les notes, les offices, les actes qui, sous diverses dénominations, servent à la correspondance et aux communications établies entre les Gouvernemens et leurs ministres, et qui sont en même temps les instrumens de leurs rapports, et les gages de leurs engagemens respectifs. Il faut s'habituer à leur usage; il faut apprendre à les comparer, à y chercher des modèles; il faut acquérir le talent et la facilité d'en faire une rédaction soignée; il faut enfin savoir par quelles nuances elles peuvent et doivent être modifiées selon les lieux, les temps et les personnes. Les exemples du passé ne sont pas toujours applicables à la circonstance dans laquelle on se trouve. Les exemples sont cependant le plus grand et le plus sûr de tous les moyens d'instruction. Les passions ont toujours été en lutte pour les mêmes objets, pour le même but, pour les mêmes intérêts; elles ont toujours mis en jeu les mêmes ressorts. En examinant avec attention les documens où sont consignés les détails et la marche des discussions et des événemens diplomatiques, la prudence s'exerce au discernement des probabilités de succès; on apprend à mesurer les obstacles, à pressentir les dangers, et on se forme ainsi une expérience pour ainsi dire théorique, qui, en nous instruisant par les erreurs d'autrui, nous préserve du malheur de nous éclairer par nos propres fautes.

L'étude de la politique, soit qu'on la considère comme science ou comme art, est donc une étude de faits et de formes. Le souvenir des uns et des autres est soigneusement conservé dans les documens qui ont été recueillis, et qui sont déposés dans les archives du Ministère des Relations extérieures : ces documens seront successivement à votre disposition ; ils seront également à la disposition des personnes qui, comme vous, obtiendront l'autorisation d'en avoir une communication suivie.

Vous devez d'abord vous arrêter à une première idée ; c'est que les papiers qui vous seront successivement mis sous les yeux, considérés isolément, sont presque généralement dénués d'intérêt. Les faits y étant souvent rapportés sans ordre et établis sans authenticité, les événemens ne s'y développent que par degrés, et souvent les gradations de leur développement sont incertaines, insensibles et inaperçues. Les accessoires ont, la plupart du temps, occupé toute l'attention des narrateurs, qui s'attachaient principalement aux points de vue le plus à leur portée, ou les intéressant le plus, relativement à leur position personnelle. Leurs raisonnemens, leurs hypothèses, leurs conjectures remplissent, très-inutilement pour l'histoire, une très-grande place dans leur correspondance. Mais celui qui lit dans l'intention d'exercer sa prévoyance et de disposer son esprit à bien observer, à bien voir et à bien juger, doit sentir tout l'avantage qu'il peut tirer de la comparaison des événemens, tels que l'histoire les rapporte, et de ces mêmes événemens, quand ils sont bien ou mal pressentis dans les dépêches de ceux qui étaient chargés d'étudier leur marche, de les annoncer et de les décrire. Il vous arrivera souvent de trouver, dans ces correspondances, des moyens de rectifier les erreurs commises par les historiens ; mais vous apprendrez aussi par l'histoire à contredire les assertions des écrivains de correspondances, à redresser leurs jugemens, à réfuter leurs conjectures, et vous vous habituerez ainsi à prévenir un jour votre propre esprit contre les mêmes méprises.

Deux conséquences importantes et pratiques résultent de ce qui vient d'être dit :

1.º L'étude des pièces diplomatiques ne peut vous être d'aucun intérêt, ni avoir de résultat utile et attachant pour vous, qu'autant qu'elle sera soumise à une méthode qui lie ensemble toutes les parties d'un même travail, et qui, en faisant passer successivement en revue toutes les pièces d'une volumineuse correspondance, vous indique les points qui méritent d'arrêter votre attention, et qui peuvent vous conduire, après une longue suite de rapprochemens et de réflexions, à un résultat utile à votre instruction;

2.° L'étude des correspondances doit toujours se rattacher dans votre esprit aux souvenirs de vos précédentes lectures; et comme il est extrêmement probable que vous n'aurez pas lu tous les bons ouvrages dans lesquels se trouve le récit des événemens qui sont l'objet de la correspondance que vous aurez sous les yeux, il faut que ces deux lectures se fassent concurremment, et que vous vous aidiez des renseignemens recueillis dans l'une et dans l'autre, pour rectifier et compléter les connaissances que vous vous proposez d'acquérir.

Nous supposons dans le ministère, et il semble qu'on doit raisonnablement supposer partout, que, lorsqu'un jeune homme se présente à l'entrée d'une carrière, sa première éducation est finie, ce qui veut dire qu'il a déjà ce fonds de connaissances générales qu'on regarde comme préalablement indispensable avant de pouvoir se consacrer à l'étude particulière de la profession à laquelle on ambitionne de s'attacher. Il n'est pas sans doute naturel d'attendre des personnes qui se destinent à une partie spéciale d'administration, qu'elles sachent, en se présentant, ce qu'on ne peut apprendre que par l'expérience et par l'application pratique des lois, des règlemens, des maximes et des principes de cette administration; mais il paraît juste d'exiger d'elles qu'elles apportent toute l'instruction relative qu'il a été en leur pouvoir d'acquérir par les moyens généraux de l'éducation commune.

Nous établissons donc en principe que les personnes qui sollicitent leur admission aux archives pour y éprouver leur aptitude, n'ont et ne doivent avoir en vue que d'y chercher les moyens particuliers d'instruction qu'elles n'ont pu trouver ailleurs, et d'appliquer leurs connaissances antérieurement acquises, à l'étude de celles qui sont propres et spéciales au service des Relations extérieures.

Je vais plus loin, et, pour qu'il n'y ait sur ce point aucune méprise, j'ajoute que ces connaissances préliminaires, que nous supposons qu'elles ont antérieurement acquises, ne sont pas seulement celles qui appartiennent à l'éducation de toutes les classes un peu élevées de la société. Il est d'abord entendu que le jeune homme qui a eu le bonheur de naître dans ces classes, à quelque carrière qu'il se destine, doit être instruit de ce qui fait l'enseignement général des collèges et des lycées. Mais ensuite, si nous lui supposons une vocation réfléchie, nous devons croire que, du moment où il a aspiré à entrer dans la carrière politique, il a consacré tout son temps à l'étude de l'histoire, de celle surtout des temps modernes, et qu'il a principalement porté son attention sur les résultats des guerres des trois derniers siècles; guerres mémorables qui ont produit ou occasionné de si grands changemens dans les relations politiques des États, et qui ont soumis à tant de vicissitudes la destinée d'un si grand nombre de peuples.

Les changemens que la politique a subis, dans cet intéressante période de l'histoire des temps modernes, ont été le résultat des causes que la lecture des historiens met à portée de connaître : la force et la sagesse relatives des Gouvernemens, les chances de la guerre, les talens supérieurs des ministres, des généraux, des négociateurs, etc., etc., etc. Ces changemens ont en même temps suivi une marche systématique, qu'on ne peut discerner et suivre qu'en remontant à des principes qui, dans les diverses époques, ont servi à établir la règle et la mesure d'après lesquelles ils ont été déterminés.

C'est de ces principes que vous, et en général toutes les personnes qui désirent se consacrer à la carrière diplomatique, devez faire un objet perpétuel de méditation. La théorie qui les lie et les enchaîne, qui déduit de leur comparaison des conséquences plus ou moins rigoureuses, plus ou moins positives, forme ce qu'on appelle l'étude du droit public. Je vais m'arrêter un instant avec vous sur cet important sujet.

§ II

Étude des Principes et de leur application.

Le droit public se divise comme le droit civil, c'est-à-dire qu'il traite des *personnes* et des *choses*. Les *personnes* sont les *Souverains*, dont le droit public détermine les classes, les conditions, les dépendances, les prérogatives, les droits et leurs limites. Les *choses* sont les *États*, dont la propriété *politique*, comme toutes les propriétés, a un caractère qui la constate, des modes qui la varient, des règles qui fixent tous les moyens consacrés de la transmettre. Viennent ensuite les *engagemens*, qui, dans le droit civil, sont les *contrats*, et, dans le droit public, les *traités* et tous les actes et déclarations qui, sous diverses dénominations, constituent l'état de *médiation*, de *protectorat*, d'*alliance*, de *confédération*, de *neutralité*, et embrassent ainsi toutes les positions respectives dans lesquelles un État, quelle que soit sa force ou sa faiblesse, peut se trouver placé relativement à tous les autres.

Le décret du 31 mars 1806 a statué que les places de secrétaire de légation seraient exclusivement remplies par des auditeurs du Conseil d'état, en conservant toutefois les droits acquis aux agens alors en exercice, et aux employés du service intérieur dont les places avaient été assimilées, par le décret du 3 floréal an 8, à celles de secrétaire de légation.

Par un décret postérieur, il fut prescrit que, pour être admis au Conseil d'état, les aspirans à l'auditorat devaient avoir fait un cours du Code civil. Pour les auditeurs du Ministère des Relations extérieures, et pour les personnes qui aspirent à le devenir, l'étude du Code civil ne doit être que le préliminaire d'un cours de droit public; et à défaut des leçons qu'on donne aux écoles de Strasbourg et au collège de France, et qu'il serait à désirer que vous eussiez suivies avant de vous présenter au Ministère, vous devez vous imposer la loi d'y suppléer par la lecture assidue et réfléchie des ouvrages les plus accrédités qui traitent de cette matière. Vous trouverez, dans la suite de ce travail, quelques indications bibliographiques dont vous pourrez faire un usage utile dans le cours de votre instruction.

Sur ce point important, je me bornerai, dans ce moment, à vous recommander de bien retenir la division des parties qui constituent élémentairement la théorie et l'enseignement du droit public. Dans toutes vos lectures, attachez-vous à classer toutes les idées qui se présenteront à votre esprit, toutes les connaissances que vous acquerrez, sous les trois chefs principaux que j'ai distingués, les *choses politiques*, les *personnes politiques*, les *intérêts politiques;* consignez dans des notes, rédigées avec précision et clarté, tout ce qui, dans vos souvenirs et dans vos méditations, pourra se rapporter à chacun de ces trois chefs; mettez ces notes en réserve : en les rapprochant, en les réunissant un jour, vous trouverez que vous aurez acquis un moyen facile et sûr de faire, sans le secours d'un maître, un très-bon cours de droit public.

Quant aux études qui sont directement propres au service du Ministère et à l'exercice des fonctions diplomatiques, les documens et tous les moyens d'instruction s'en trouvent aux archives. Ils sont variés, abondans, et précieux au plus haut degré. Tout consiste à savoir bien choisir ceux qui peuvent être utilement appropriés à un cours de lecture réfléchie, régulière et méthodique.

Les archives du ministère contiennent quatre sortes de pièces : 1° les traités; ils ont été recueillis dans des collections qui seront mises à votre disposition; 2° les notes ou offices diplomatiques; 3° la correspondance du ministère et des légations; 4° les mémoires, les rapports, les projets, etc., sur toutes sortes de matières d'intérêt public. Une étude systématique et raisonnée de ces pièces pourra vous donner, à l'aide du temps et de la réflexion, une connaissance complète et approfondie de tout ce qu'un agent diplomatique doit savoir pour servir utilement son Prince dans la carrière honorable où il se trouve engagé.

Par l'étude des traités, vous connaîtrez la situation respective des États; et, par leur succession, vous apprendrez à observer les vicissitudes de la puissance des Gouvernemens.

Par l'étude des notes et offices, vous connaîtrez les moyens d'atteindre le but général des négociations, qui est de faire cesser le fléau de la guerre.

Par l'étude de la correspondance du Ministère et des Légations, vous vous formerez enfin à l'art de mettre en œuvre tous les moyens praticables de prévenir les mésintelligences, et de maintenir la paix, sans déroger aux droits, à l'honneur et à la dignité de votre Souverain.

A la recherche de ces trois grands objets s'attache naturellement une multitude de recherches accessoires, dont je ne puis vous donner ici que la simple indication, et qui toutes sont également propres aux diverses fonctions que vous aurez un jour à remplir. Pour bien apprécier la marche d'une négociation, il faut sans cesse se reporter au dehors, examiner attentivement les circonstances particulières et actuelles de chaque État, connaître les événemens récens de la guerre, pressentir les événemens prochains; il faut avoir une juste idée des personnages qui agissent, de leur caractère, de leurs talens, des qualités qui peuvent seconder la marche des négociations, de celles qui peuvent y mettre des obstacles; il faut suivre, avec une attention infatigable, le jeu de toutes les passions et la lutte de tous les intérêts opposés; il faut se transporter au champ même de la discussion, assister comme témoin aux débats, juger de la justice des prétentions qui se combattent, et de la prudence des acteurs qui sont en scène; il faut enfin savoir bien se pénétrer du véritable sens des instructions qui éclairent et règlent leur conduite, et surtout se rendre compte de la manière plus ou moins heureuse, plus ou moins habile, dont ces instructions ont été suivies.

§ III

Méthode de lecture et d'étude.

J'arrive maintenant à l'explication de la méthode que vous devez suivre, pour que les traités, les notes, les offices, la correspondance, les mémoires, etc., qui seront mis à votre disposition, ne soient pas entre vos mains l'objet d'une lecture superficielle et stérile, pour que cette lecture devienne une véritable étude, et qu'elle vous conduise aux résultats que vous devez désirer d'obtenir.

Avant tout, ayez présent à votre esprit l'objet précis et bien déterminé du travail que vous êtes chargé de faire. Vous avez en vue un but final, qui est la connaissance des causes et des résultats d'une paix qui, à une époque déterminée, a été concluo entre plusieurs grandes puissances : le sujet spécial de votre étude est donc la négociation qui a conduit les ministres de ces puissances à la conclusion de la paix.

Il faut d'abord vous fixer sur un point; c'est que les négociations dont l'histoire a conservé le souvenir, ont été précédées par une plus ou moins longue période d'années de guerre : cette guerre avait elle-même été précédée par des années de paix ; et, il est trop vrai de le dire, la paix ne fut jamais pour les peuples que le commencement d'un intervalle de conciliation, pendant lequel les passions amorties n'ont pris un repos momentané que pour se préparer à de nouvelles luttes. La guerre a donc éclaté de nouveau; et il arrive ordinairement que, continuant ses ravages pendant le cours des négociations, elle ne cesse qu'au moment où les Souverains ont ratifié les arrangemens convenus et souscrits en leur nom par leurs plénipotentiaires.

Ici, vous le voyez, votre sujet s'agrandit; et, dès le début de votre travail, il s'étend de beaucoup au-delà de l'objet de la méthode qui vous sera expliquée, et des moyens d'instruction que nous pouvons vous fournir aux archives. L'intervalle de temps qui vous est donné à étudier est borné : il remplit la période qui s'écoule entre deux traités de paix ; et vous voyez que je vous recommande d'abord de vous reporter aux temps antérieurs pour vous faire une idée sommaire, mais précise et juste, de la suite des événemens qui ont primitivement établi, et ensuite modifié, changé ou détruit les rapports existans entre les puissances.

Ce préliminaire est indispensable ; car tout se tient et s'enchaîne dans l'histoire comme dans la nature : il est impossible d'avoir des notions exactes sur aucun objet de détail, si l'on n'a pas des notions générales et positives de l'ensemble. Il n'existe aucun moyen de suppléer à ce travail de première nécessité ; et si vous n'avez pas lu avec assez de méthode et de fruit les bons écrivains qui ont retracé l'histoire des grands événemens des deux derniers siècles, il faut choisir ceux qui auront traité ce sujet avec le plus de succès, et en faire une lecture soignée. Vous vous ferez ainsi un tableau préparatoire d'observations et de faits qui vous feront arriver, mieux informé et plus capable de vous instruire, à la période dont l'étude doit être assujettie à la méthode que je vais vous tracer.

La lecture des historiens vous a conduit à cette époque. Vous ne cesserez pas d'avoir besoin de leurs secours, lors même que vous aurez à votre disposition les correspondances diplomatiques, qui, ne se rapportant qu'à la sphère locale et bornée des rapports d'une légation, ne peuvent donner une idée suffisamment développée du sujet que vous devez embrasser et connaître dans toute son étendue. Le recours à ce moyen subsidiaire de recherches et d'instructions deviendra plus nécessaire encore, quand vous arriverez au temps où la guerre a éclaté, et surtout quand vous verrez commencer la période intéressante de l'ouverture des négociations ; car il y a entre les discussions diplomatiques et les événemens militaires une corrélation qu'il vous importera essentiellement de bien observer. Cette corrélation n'a jamais cessé d'être un instant présente à l'attention des légations ; et lorsque les négociations ont été ouvertes, vous verrez qu'elle fut l'objet constant de l'étude des négociateurs. Vous aurez lieu d'observer alors que l'étude et la connaissance de ces rapports, aussi importans que difficiles à saisir ainsi qu'à bien apprécier, ont toujours eu la plus grande influence sur la marche des discussions, et que c'est principalement à eux qu'on doit attribuer les variations que le progrès plus ou moins lent des négociations vous mettra à portée d'observer dans le langage des ministres et dans la mesure de leurs prétentions. Il faudra donc que, dès le principe, vous vous fassiez une loi de mettre constamment en œuvre les deux moyens d'étude qui seront à votre disposition; c'est-à-dire que vous devez consulter alternativement les ouvrages historiques qui ont tracé le tableau des événemens militaires et politiques, et les correspondances et les pièces diplomatiques qui, après avoir fait pressentir l'époque plus ou moins prochaine des négociations, en ont ensuite fait connaître le début, les différentes phases, les progrès, les obstacles et les résultats. Vous comprendrez en effet facilement que, sans cette réunion de moyens, vous ne pourriez jamais vous faire une idée complète de l'objet de vos travaux; car les ouvrages historiques ne donnent que des notions insuffisantes des débats diplomatiques, et on ne trouve dans les pièces diplomatiques que des détails inexacts, incomplets et superficiels, des événemens.

Il s'agit maintenant de savoir comment il faut procéder à cette double étude. La variété, le nombre et le genre même des documens qu'il faut successivement consulter, dont les uns doivent être lus avec une extrême attention, dont d'autres ne peuvent être l'objet que d'une attention rapide et légère, suffiraient seuls pour indiquer le mode de lecture que vous devez adopter, si vous voulez retirer de cette étude tout le fruit que vous en devez espérer. Vous aurez à choisir parmi une foule de pièces manuscrites et imprimées, de mémoires, de pamphlets, de rapports, de manifestes, de déclarations, de réfutations, d'instructions, de dépêches, d'offices, de réponses, de contre-notes, de répliques, de traités, de conventions, de dissertations, d'interprétations, etc., etc.; et au nombre de ces pièces et de ces ouvrages, il en est qui non-seulement méritent d'être lus, mais qui doivent encore être étudiés, médités, approfondis, tandis que d'autres, ne pouvant être que l'objet d'une lecture superficielle, ne présenteront quelquefois que des parties qui soient réellement dignes d'arrêter un moment l'attention des lecteurs.

Le mode de lecture le plus propre à faciliter sur ce point l'exercice de votre discernement, est de lire successivement toutes les pièces selon l'ordre des temps, et de faire sur chaque pièce un extrait proportionné à l'intérêt qu'elle présente. Ces extraits élémentaires doivent être écrits sur des feuillets détachés. Vous distinguerez ces extraits, en tête du feuillet, par la date et la marque indicative de leur objet. Vous les mettrez ensuite en réserve, vous laissant conduire de la lecture d'une pièce à la lecture d'une autre, par la liaison naturelle du temps où elles auront été écrites et de l'objet qui y sera traité : la classification seule des papiers, telle qu'elle a déterminé leur arrangement dans les cartons des archives, vous indiquera l'ordre dans lequel les manuscrits doivent être lus et analysés ; et la mention que vous y trouverez des événemens publics, ainsi que des mémoires, des rapports et autres pièces imprimées, vous fera connaître quels sont les ouvrages de cette dernière espèce que vous devez rechercher, et l'ordre dans lequel vous devez les lire et les analyser.

A l'égard de ces extraits, qui sont une des parties les plus importantes de l'application de la méthode que je vous recommande de suivre, il est difficile de vous dire comment ils doivent être faits : ce genre de travail ne peut être assujetti à aucune règle. La mémoire la plus heureuse ne fait rien sans le discernement qui sait choisir, et la mémoire ici ne fait que servir d'instrument à la faculté de réfléchir. La seule chose que je puisse vous dire, c'est qu'à quelque période de votre travail que vous vous trouviez arrêté, vous devez toujours avoir l'esprit fixé sur le but final auquel vous aspirez d'arriver : ce but est une déclaration de guerre ou un traité de paix. Or, dans tout ce qui vous passera sous les yeux, il faut que vous sachiez distinguer ce qui vous paraîtra devoir un jour avoir quelque influence sur l'un de ces deux résultats; il faut apprendre à savoir peser et mesurer cette influence : et c'est par cette appréciation, que vous déterminerez le choix des objets que vous aurez à placer dans vos extraits, et le plus ou moins d'étendue que vous croirez devoir leur donner.

Dans le principe, et avant qu'un long exercice de cette méthode vous ait donné la confiance que vous aurez enfin acquis le talent de bien lire, de réfléchir et de bien analyser, vous ne devez pas craindre de trop multiplier, de trop allonger vos extraits. Il ne faut pas non plus vous interdire de les surcharger de vos propres réflexions, ni vous faire un scrupule de hasarder les idées qui se présenteront à votre esprit, en consignant le récit des faits et les observations que vous aurez recueillies dans les pièces et dans les livres. L'habitude de lire, et d'analyser en lisant, ne vous donnera que plus tard, et ne pourra manquer de vous suggérer le mode d'extraire qui sera le plus approprié à la mesure de vos facultés et au degré de perfection auquel, pour cette espèce particulière de travail, vous pourrez espérer d'atteindre.

Je viens de dire que la lecture des pièces manuscrites vous indiquera, dans la mention que vous y trouverez des événemens, des actes et des mémoires du temps, les ouvrages imprimés que vous devez choisir pour les lire et les extraire; mais vous ne devez pas vous borner à ces indications. Il faut que, dans le cours de cette première période de votre travail, vous vous mettiez à la recherche de tout ce qui a été publié. Quand on est sur la voie de s'instruire, il faut être curieux et avide de toute espèce de renseignemens. Les titres des ouvrages politiques, historiques, philosophiques même et littéraires, que vous lirez dans les catalogues des bibliothèques et des libraires, pourront vous indiquer ceux de ces ouvrages où vous pourrez trouver des matériaux d'extraits utiles à recueillir. Il n'est pas jusqu'aux articles des dictionnaires biographiques, que vous pourrez parcourir avec fruit, pour vous faire une première idée du caractère et des actions des personnages plus ou moins célèbres dont la vie se trouve mêlée aux événemens publics. Ce genre de recherches, ainsi généralisé, sera lui-même un bon moyen d'enrichir votre mémoire et de développer votre esprit. Le temps que vous y emploierez, lors même qu'il ne vous conduirait qu'à vous faire lire des livres écrits sans talent et dénués d'intérêt, ne sera pas perdu pour vous. En feuilletant, en parcourant tous les ouvrages qui traitent du même sujet, en recueillant, dans des chapitres, dans des pages ou des passages lus isolément, les observations que vous y trouverez, et qui se rapporteront à l'objet de votre travail, vous serez tout surpris, à la fin de ce genre de recherches, de tout le fruit que vous en aurez retiré; et vous vous trouverez à la fin riche d'une foule de notions, de renseignemens et d'aperçus qui peut-être vous feront apercevoir et saisir, dans la politique des cabinets, des motifs, et, dans la marche de leurs agens, des moyens qui ont échappé à l'attention des contemporains, et qui échapperont peut-être au jugement de l'histoire.

Vous êtes maintenant arrivé à la troisième et dernière période de votre travail. Dans la première, vous vous êtes reporté aux époques antérieures à celles du sujet que vous aviez à traiter; vous avez cherché à recueillir toutes les données qui pouvaient vous mettre en mesure de lier les mouvemens, les changemens que vous aviez à observer, et les résultats politiques qui devaient en être la suite, à la grande chaine historique des événemens publics. Dans la deuxième période, vous avez recueilli, parmi une foule de documens épars et divers, tous les renseignemens qui pouvaient vous éclairer sur les causes de la guerre, sur les moyens, les obstacles et les conséquences de la paix. Le travail dont vous avez maintenant à vous occuper, a pour objet de mettre ces utiles matériaux en œuvre.

Ici, il faut abandonner les livres, les manuscrits, les pièces originales et le travail des écrivains que vous avez consultés; il faut être maintenant historien vous-même; et, sur les extraits que vous avez rassemblés, et qu'il faut d'abord que vous classiez avec ordre et que vous compariez avec soin, vous devez vous faire un tableau bien ordonné, dans lequel vous vous attacherez à bien observer la première origine des changemens survenus. Vous en suivrez les gradations plus ou moins marquées; vous chercherez à voir comment les cabinets ont successivement passé, et quelquefois à leur insu, de l'état de bonne intelligence à l'état d'inimitié; comment ensuite les dommages et les périls de la guerre les ont portés, successivement ou simultanément, à manifester le désir de se rapprocher, et comment les contradictions d'une suite de longues et orageuses discussions les ont enfin conduits à transiger sur leurs intérêts et sur leurs droits. C'est-là ce que vous devez observer, et présenter, en traits rapides et distincts, dans un tableau animé et raisonné, qui soit comme une espèce de compte-rendu de toutes les impressions que votre esprit, votre mémoire et votre imagination auront reçues, dans le cours du long travail auquel vous vous serez précédemment livré.

Voilà, je dois le reconnaître, une exposition bien minutieuse et bien diffuse. Si j'avais eu pour but de vous intéresser et d'arracher votre esprit par l'attrait d'une brillante théorie, je me serais certes bien gardé de m'étendre sur d'aussi fastidieux détails : mais j'ai été occupé d'un tout autre objet, et je ne crains que de ne m'être pas assez expliqué. Je crains que, dans les travaux dont je vous ai tracé la succession, je n'aie pas assez distinctement séparé les diverses opérations de l'esprit, qui, dans l'application de ma méthode, doivent concourir au but final que vous devez avoir en vue. Il y a ici un temps pour lire; il y en a un pour extraire, pour comparer et classer ces extraits, pour chercher et saisir la chaîne des événemens, pour lier les faits aux discussions, et celles-ci à leur résultat définitif. Il faut enfin faire un ensemble de toutes les idées qu'on a conçues, et présenter un tableau vaste et bien ordonné de ce qui a été l'objet d'une longue étude. Voilà ce qui doit résulter de l'intelligence des règles que j'ai cherché à vous exposer. Je suis si persuadé de la nécessité de vous les faire comprendre, de vous les inculquer, et de prévenir tous vos doutes sur le mode de leur exécution, qu'au risque de me répéter, je ne craindrai pas de revenir sur le même sujet, et de vous montrer comment peut et doit se faire l'application de ces règles à l'égard d'un exemple déterminé. Je trouve à cette répétition des mêmes idées un double avantage : reproduites une seconde fois, elles se graveront plus sûrement et plus distinctement dans votre esprit; et, représentées avec leur application à un sujet connu, elles me donneront occasion d'attirer votre attention sur des événemens mémorables, et de faire, sur ces événemens, des observations qui, déplacées dans un ouvrage régulier et destiné au public, ne peuvent être que convenablement développées dans un travail qui a pour objet de vous exciter à en faire. Je suis certes bien loin de vous donner celles que je hasarderai de vous exposer comme des modèles; elles ne sont que des essais, de simples ébauches, qu'il vous deviendra un jour facile de terminer, quand, par un travail soutenu et par de longues études, vous aurez contracté l'habitude d'observer, et que votre esprit, longtemps exercé, aura acquis la faculté de généraliser ses idées.

§ IV

Application de la Méthode à un exemple.

Je choisis pour exemple l'histoire de la paix de 1763, qui termina la guerre de Sept ans. Cette paix, par l'influence que ses résultats ont eue sur la politique générale, peut et doit être mise au même rang que les paix célèbres de Westphalie et d'Utrecht, qui, dans le grand tableau historique des derniers siècles, servent comme de point de départ pour l'étude des causes de la diminution progressive de l'ascendant de quelques grandes puissances à dater de cette époque, et de l'accroissement également progressif de quelques autres.

J'ai dit, dans la section précédente, que l'histoire d'une négociation devait être précédée de celle des événemens militaires antérieurs à la négociation. J'ai ajouté que ce tableau devait encore être précédé de celui de la situation respective et générale des puissances au moment où la guerre a éclaté; et enfin j'ai dit qu'il convenait de récapituler avant tout, dans un cadre plus ou moins étendu, les grandes vicissitudes des rapports politiques des États, à partir d'une époque plus reculée, et qui fût assez mémorable pour que le lecteur y rapportât facilement la suite des événemens, et pût y trouver leur cause, ou tout au moins l'explication de leur origine, de leur développement et de leurs plus importans résultats.

Dans des discussions effectives, ou bien lorsqu'il s'agit de présenter un mémoire, un rapport au Gouvernement, rien n'est plus oiseux que de rétrograder indéfiniment vers les époques les plus reculées, sans autre but que celui de faire un vain et frivole étalage d'érudition. On a fait sagement de tourner en ridicule sur le théâtre cette manie véritablement pédantesque de remonter, sur toute espèce de sujets, à l'origine des choses; mais il s'agit ici de faire un travail qui n'a d'autre objet pour vous que celui de vous exercer et de vous instruire. Or, quel moyen plus facile et plus sûr de faire concourir en même temps à ce double but ét votre mémoire et votre discernement, que celui de vous imposer la loi de vous faire, dans tous vos travaux, une habitude de rapprocher, de comparer sans cesse les divers objets de vos études, de lier toujours les notions que vous voulez acquérir, avec celles que vous avez précédemment acquises, pour pouvoir enfin vous faire un système bien ordonné de connaissances solides, et applicables, comme règles de conduite, dans toutes les circonstances où vous pouvez un jour vous trouver placé?

A quelque époque de l'histoire des derniers temps que vous arrêtiez votre attention, vous découvrirez que les changemens qui se préparaient alors dans le système des rapports des États, avaient été précédés par des changemens antérieurs, et que ces changemens avaient aussi leurs causes. Il y a cependant un point où il faut savoir s'arrêter. Ce point, que tous les écrivains politiques se sont accordés à choisir, est l'époque du traité de Westphalie, transaction mémorable, qui, après de longues et orageuses discussions, concilia les prétentions les plus absolues,

régla les intérêts les plus opposés, et mit un terme à des dis-
cordes qui avaient ensanglanté l'Europe pendant le cours de
trente ans. Ce traité célèbre posa véritablement les bases fonda-
mentales des relations politiques qui ont existé pendant près de
deux siècles, et qui existeront longtemps encore, entre la plupart
des grandes et des petites puissances du monde civilisé.

Avant le seizième siècle, les nations, agitées par des secousses
intestines, et luttant contre les désordres et la faiblesse des institutions féodales, n'avaient, pour ainsi dire, aucune assiette fixe.
Les Gouvernemens ne s'étaient pas encore élevés à l'idée d'un
système de relations extérieures; la société s'organisait, la puissance politique se formait au sein de chaque État. C'était tout ce
qu'on pouvait attendre du lent et du pénible retour des peuples
à des idées d'ordre, de justice et de repos, après tant de siècles
de misère, de violence, de barbarie et de calamités sans mesure.

Lorsque les brillantes chimères de la chevalerie et le prestige
attrayant des croisades furent dissipés, le seul objet commun qui
pût rallier les Gouvernemens et les peuples à des maximes et à
des mesures convenues, fut l'intérêt de se prémunir contre
l'exagération de la puissance spirituelle et les entreprises de la
cour de Rome. La découverte de l'imprimerie, celle du nouveau
monde, la renaissance des arts et des lettres éclairant les esprits,
et ouvrant mille carrières nouvelles à l'ambition, à l'activité, à
l'industrie de toutes les classes de la société, accélérèrent partout le réveil de l'esprit humain sur les objets qu'il nous importe
le plus d'étudier et de connaître : l'ouvrage de l'affranchissement
du pouvoir fit dès-lors des progrès sensibles dans tous les États;
et les souverains, plus assurés de leur autorité au dedans, eurent
plus de temps et de moyens à employer à la conservation, à la
consistance et à l'amélioration de leurs relations politiques.

La maison d'Autriche était, à cette époque, celle de toutes les
puissances qui pouvait retirer le plus d'avantages de cette grande
révolution : elle devait concevoir l'idée ambitieuse de s'en prévaloir, pour aspirer à une domination universelle; elle la conçut.
Les dissensions religieuses qui s'élevèrent à la suite des doc-

trines de Zwingle, de Wicleff, de Luther et de Calvin, et qui, sans le concours des circonstances politiques de ce temps, n'auraient pas eu plus de suite que celle des Albigeois, servirent de prétexte aux peuples et aux Souverains dont l'indépendance était compromise. Il se manifesta de toutes parts en Allemagne, en Italie et dans le Nord, un esprit vague de résistance : des ligues se formèrent ; la guerre de Trente ans éclata ; et, après une longue suite de vicissitudes, des limites sages et justement proportionnées aux circonstances furent assignées aux grands États : une balance de pouvoir et d'influence s'établit entre eux ; les traits principaux du système fédératif de chacune des puissances se firent sensiblement apercevoir, et l'on put dès-lors espérer que le droit public aurait des règles et des lois auxquelles, dans tous les changemens que pourraient éprouver la fortune et la destinée relatives de quelques États, on pourrait recourir avec fruit, pour empêcher que ces changemens n'entraînassent une ruine et une désorganisation générales.

Voilà le point de vue sur lequel vous devez vous représenter cette belle et grande époque, toutes les fois que, dans un travail quelconque, vous aurez besoin de vous la rappeler. Il n'entre pas dans l'objet de celui-ci de vous en recommander l'étude. Le premier conseil que je vous ai donné, quand vous m'avez été adressé, a été de bien lire, de bien méditer deux ouvrages d'une égale importance pour vous par leur objet, quoique leurs auteurs soient loin de pouvoir être mis sur la même ligne sous le rapport du talent d'écrire. Ces deux ouvrages sont l'histoire de Charles-Quint, par Robertson, et l'histoire du traité de paix de Westphalie, par le P. Bougeant. Je vous ai fait sentir en même temps la nécessité d'analyser tout ce que vous lisiez, et d'enrichir vos extraits de toutes les réflexions qui vous seraient suggérées par vos lectures : c'est ainsi, vous ai-je dit, que faisant, pour ainsi dire, un petit ouvrage plus ou moins bien écrit à la suite de chaque ouvrage que vous lirez, vous apprendrez à vous approprier le fruit des travaux de ceux qui les ont faits ; vous modérerez, vous réglerez l'essor de votre imagination ; vous formerez en même temps votre esprit, votre jugement, votre mémoire, et vous acquerrez sans effort, et pour ainsi dire à votre insu, la facilité et le talent d'écrire.

Maintenant reportez-vous aux impressions que vous avez reçues au temps où vous vous êtes occupé de l'étude que vous avez faite de l'histoire de Charles-Quint et de celle du traité de Westphalie : consultez vos extraits ; et, à l'aide des observations que vous y retrouverez, et de vos souvenirs, faites-vous une idée juste et précise, d'abord du système de l'Europe tel qu'il fut établi par les stipulations du traité de Westphalie, et ensuite du système fédératif de chacune des grandes puissances.

Ce dernier système, depuis sa fondation, a éprouvé des variations. Vous verrez, en les observant, qu'il convient de les rappeler en traits rapides dans le précis que vous aurez à faire : mais il est sur-tout utile que ces variations soient présentes à votre esprit ; et, si vous ne croyez pas devoir vous étendre sur les détails, et faire un tableau complet et développé de toutes les vicissitudes que la politique des divers États de l'Europe a éprouvées depuis le traité de Westphalie jusqu'à la paix d'Aix-la-Chapelle, il faut au moins que, dans un cadre plus étendu, vous présentiez les principaux traits de l'histoire politique de la France dans la période qui a précédé l'époque dont vous avez à observer, à recueillir et à étudier les événemens.

Votre premier travail sera donc un précis des mouvemens les plus marquans de la politique française jusqu'au traité d'Aix-la-Chapelle, en prenant pour point de départ le système de nos rapports, tels qu'ils furent établis et réglés par le traité de Westphalie. Après ce premier précis, vous exposerez, à grands traits, la situation générale des puissances à la fin de l'année 1748.

Rappelons ici les divisions qui ont été indiquées dans la section précédente. Vous avez à examiner d'abord la suite des changemens politiques qui sont survenus en Europe depuis l'établissement du droit public jusqu'à la paix d'Aix-la-Chapelle, et comme premier résultat de cet examen, la situation respective des grandes puissances à l'époque de cette paix. C'est à ce point, qui forme la première division de votre travail, que je viens de vous conduire. Vous avez maintenant à parcourir, entre la paix de 1748 et celle de 1763, un intervalle qui se divise en intervalle de paix et en intervalle de guerre : arrêtons-nous sur la première de ces deux périodes.

Cet intervalle de paix, pour les hommes qui vivaient alors, et qui, n'ayant plus à supporter les dépenses et à courir les chances de la guerre, ne voyaient que les avantages du changement de leur situation présente, était un temps d'espérance, de confiance et de repos : pour nous, il n'est qu'un sujet d'observations, de recherches et de défiance. Nous devons, dès le moment où le bienfait de la paix a été assuré aux peuples, chercher, dans les rapports de leurs Gouvernemens, dans les actes de leur administration intérieure, dans leurs correspondances politiques, dans les indices de l'indolence ou du défaut de vigilance des uns, de la jalousie, de l'inquiète et avide ambition des autres, les causes plus ou moins prochaines de la guerre qui doit éclater. En général, dans toutes vos lectures, dans toutes vos méditations, ce sujet d'examen et d'étude est celui qui doit le plus souvent, le plus long-temps et le plus profondément occuper vos pensées.

Toutes les guerres ont des causes apparentes et des causes réelles; il faut apprendre à ne pas les confondre. Ce n'est pas dans les manifestes des cabinets qu'on doit chercher à s'instruire de l'objet et des vrais motifs de leurs déterminations. Depuis le traité de Westphalie jusqu'au moment présent, la guerre a éclaté treize fois; et, dans un intervalle de cent soixante-cinq ans, l'Europe n'a joui que de soixante-quinze ans de paix. On pourrait croire, en s'arrêtant aux déclarations des puissances belligérantes, et aux discussions polémiques des rédacteurs de leurs manifestes, que, de ces treize guerres, quatre doivent être imputées à des haines et à des jalousies personnelles, que l'Europe a été déchirée cinq fois par des querelles de successions, et trois fois par des rivalités de commerce. La grande guerre qui agite encore l'Europe, est la seule sur laquelle il soit plus facile de ne pas se méprendre. Quant aux douze guerres qui l'ont précédée depuis le milieu du 17ᵉ siècle, il faut en chercher l'origine dans un concours de causes, dont l'étude approfondie sera pour vous un sujet instructif et fécond de méditation.

Dans toutes vos lectures, vous devez vous attacher à suivre la marche de la civilisation, et connaître les avantages de tout genre qui sont résultés de ses progrès pour la prospérité des peuples et la puissance des Gouvernemens. Vous devez discerner et bien apercevoir le partage inégal de tous ces avantages pour chaque pays, à raison de l'inégalité que vous observerez dans l'industrie des sujets et dans la politique des princes. Attachez-vous en même temps à étudier le caractère des souverains, de leurs ministres, des personnages célèbres qui ont honoré leur règne par de grandes actions et d'utiles services. Observez encore les rapports qui ont existé entre les grands et les petits États, et l'influence de la politique des uns sur la destinée des autres. C'est dans tous ces objets d'étude que vous découvrirez le principe et les causes de toutes les guerres qui ont éclaté depuis la paix de Westphalie, bien mieux que dans les écrits des historiens du temps, qui, placés trop près des événemens, ne pouvaient démêler les ressorts cachés et secrets d'où partaient les premières impulsions.

Une des causes dont il faut surtout étudier et bien observer l'action et l'influence, est non-seulement la politique de quelques grands souverains, tels que Charles-Quint, Louis XIV, Guillaume III, etc., etc., qui étaient destinés à produire de grands changemens dans la politique générale, mais encore l'essor vague de cette politique, et l'espèce de tendance, ignorée de ces souverains eux-mêmes, qui les portaient, à leur insu, vers un but indéterminé d'ambition, de gloire et de grandeur. Il y a une réflexion qui se présente naturellement à l'esprit de celui qui a fait une étude longue et suivie de l'histoire des temps modernes, c'est que, dans le système politique de l'Europe, pour le maintien de ce système et pour sa consistance, il faut une prépondérance qui puisse conserver l'équilibre, que les traités et les rapports naturels des peuples tendent à établir entre les États. Le besoin de cette prépondérance est toujours généralement senti : elle ne cesse jamais d'être le but secret ou déclaré de l'ambition des grandes puissances ; elle est aussi l'objet des vœux de celles à qui leur faiblesse ne donne pas une garantie suffisante pour assurer leurs droits. Le jour où une des puissances aura le degré de force qui lui sera nécessaire pour bien exercer cette prépondérance, si elle est en même temps douée de la sagesse et de la modération qui conviennent à cette belle et glorieuse destination, ce jour, dis-je, l'indépendance, la prospérité et le repos de tous les États seront pour long-temps assurés.

Avant Louis XIV, la maison d'Autriche était appelée à jouer ce grand et noble rôle en Europe : elle abusa de ses forces ; elle perdit la confiance des souverains et des peuples, et la prépondérance passa entre les mains de la France. Louis XIV se laissa éblouir par une ambition qui était peut-être plus en proportion avec le génie et le caractère qu'il avait reçus de la nature, qu'avec la puissance effective dont il pouvait constamment disposer. Il négligea en même temps de prendre les soins et de faire avec persévérance les efforts nécessaires pour conserver et accroître ses moyens de puissance. La prépondérance que la France eut incontestablement le droit d'exercer dès la brillante époque du traité de Westphalie, reçut de fortes atteintes à celle du traité de Ryswick, et la France en était totalement dépouillée à l'époque du traité d'Utrecht.

La guerre qui venait de finir, avait compromis jusqu'à son existence. Il ne lui restait rien de cette confiance, de cette énergie, de cette grandeur, qui avaient causé tant d'effroi, qui avaient armé contre elle une si formidable ligue. Un roi vieilli dans les revers, humilié, abattu par l'infortune; l'État épuisé; point de finances; une armée, un général, un ministre, seuls restes de cette génération de grands hommes qui avaient jeté un si grand éclat sur un des plus longs et des plus glorieux règnes de l'histoire des temps modernes : tel était le point auquel la France se trouvait réduite, quand elle souscrivit aux conditions de paix qui lui furent alors imposées. Cependant, par cela même qu'il avait fallu, pour la vaincre, que presque toute l'Europe réunît ses forces pour combattre les siennes; par cela que, dans le congrès, ses trois négociateurs, pour arriver au terme des négociations, avaient eu à lutter de patience, d'efforts et d'habileté contre quatre-vingts ministres accrédités par la foule de princes et de gouvernemens qu'elle avait pour ennemis, elle ne cessa pas, après ses défaites et après la paix, d'être encore un objet de crainte, de jalousie, de considération et de respect. Les passions qui avaient excité tous les gouvernemens à s'unir contre elle, en avaient déterminé quelques-uns à s'écarter des voies de leur politique traditionnelle. Le système fédératif d'un grand nombre de gouvernemens était dérangé. Le cabinet de Versailles put tirer avantage de l'incertitude, de la faiblesse de ces liens mal tissus : il fut recherché par les cours qui avaient montré le plus d'animosité contre lui. Ses recours furent utiles, nécessaires même à l'Angleterre, si récemment sa plus implacable ennemie. Enfin un ministre modéré et prévoyant mit tous ses soins à réparer, par de sages économies, les désordres de l'administration intérieure. La France, en peu d'années, recouvra les ressources, les moyens de puissance que des guerres malheureuses, qu'une régence dissipatrice lui avaient fait perdre. Les ressorts de sa politique reprirent leur ancienne énergie; et en 1742, elle se vit encore une fois en mesure de pouvoir disputer à la maison d'Autriche la prépondérance que le traité d'Utrecht lui avait ravie, et qui lui fut rendue par la paix peu avantageuse, mais extrêmement honorable, d'Aix-la-Chapelle.

C'est dans ces considérations que vous trouverez, quand vous aurez besoin d'en faire la recherche, les causes des guerres qui ont précédé la guerre de Sept ans. Quant aux causes de cette mémorable guerre, il entre moins dans mon sujet de vous les indiquer, que de vous exciter à en faire la recherche dans l'étude des ouvrages du temps, et dans celle des manuscrits des archives qui vous seront donnés en communication.

Toutes les correspondances des légations françaises de cette époque seront mises à votre disposition; vous pourrez les lire, les analyser successivement; vous trouverez dans toutes des notions utiles à recueillir : vous ferez des extraits de toutes les pièces; vous classerez ces extraits dans l'ordre de la date et de l'objet de chaque manuscrit; vous donnerez une attention particulière aux instructions remises à chaque ambassadeur au moment de son départ : vous vous arrêterez particulièrement sur les notes et offices adressés par les ministres aux cours près desquelles ils étaient accrédités. Avant de lire les réponses, vous chercherez d'abord à les pressentir : vous les lirez ensuite; et la différence que vous apercevrez dans les idées que vous eussiez pu suggérer, et celles que vous trouverez dans les pièces elles-mêmes, pourront être pour vous le sujet d'observations que vous consignerez ensuite dans vos extraits. Vous chercherez, dans le cours de cette lecture instructive, toutes les données qui pourront vous faire prévoir les contradictions, les prétentions opposées, les causes, les prétextes de la mésintelligence naissante entre les gouvernemens, le but réel et caché de l'ambition des uns, le motif de la défiance des autres. Instruit, comme vous l'êtes d'avance, de l'événement et de l'époque de la rupture prochaine, vous devez vous appliquer à saisir, d'aussi loin qu'il vous sera possible, les premiers indices des fautes, des erreurs, des injustices qui fourniront plus tard les griefs, plus ou moins plausibles, que les gouvernemens menacés ou offensés, ou qui affecteront de l'être, allégueront, et qu'ils présenteront comme les causes légitimes d'une guerre nécessaire.

On sait à présent quelle fut la puissance à qui, dès l'époque même où l'Europe venait d'être pacifiée, son ambition fit concevoir le projet d'une guerre qui devait éclater six ans après. Les premiers symptômes de cette ambition doivent se manifester dans les premières correspondances : il faut les saisir, et les signaler dans vos extraits. Vous trouverez le premier germe des contradictions dans l'interprétation d'un article du traité d'Aix-la-Chapelle sur des limites qui n'avaient été vaguement exprimées dans le traité, que parce que le pays dont la fixation de ces limites devait déterminer la restitution et l'étendue, était si peu connu, et par conséquent de si peu de valeur, qu'on n'avait pas jugé nécessaire d'en faire l'objet d'une appréciation bien soignée, ni d'un examen bien approfondi. Il faut suivre la progression de cette première cause de mésintelligence. Vous trouverez recueillies dans cinq gros volumes *in-folio* les conférences d'une réunion de commissaires qui avaient été nommés respectivement, dans la vue de lever les difficultés, et de concilier les prétentions opposées. Ces conférences durèrent depuis 1750 jusqu'en 1755. La guerre éclata immédiatement après leur rupture

L'Angleterre préludait dès-lors à l'accomplissement des vues qui lui avaient fait concevoir de bonne heure le plan hardi d'une domination universelle sur toutes les mers; mais elle n'avait pas encore cette assurance qu'inspire seule une longue suite de succès, et qui finit par leur donner une sorte d'apparente légitimité, lorsque l'on arrive au point de pouvoir prévenir et rendre vaine toute espèce de résistance.

Cherchez, dans le recueil que je viens d'indiquer, à vous instruire à fond sur les objets des discussions des commissaires : vous trouverez qu'il s'agissait d'obtenir une concurrence plus ou moins avantageuse dans le commerce des pelleteries et dans celui des produits coloniaux. Il ne s'agissait alors que d'une extension dans le Canada, et ensuite de la possession des Caraïbes, de Sainte-Lucie, de Tabago, de la Dominique et de Saint-Vincent. Il faut savoir ce que c'étaient que ces possessions, quelles pouvaient être leur valeur et leur importance. Les cartons des archives sont remplis de mémoires sur ces divers objets. L'*Histoire philosophique* de l'abbé Raynal renferme à cet égard des informations qui ne sont pas toutes d'un égal intérêt et d'une incontestable authenticité. Je n'ai pas besoin de vous donner une indication détaillée de tous les ouvrages où vous trouverez des notions instructives, et que vous pourrez faire entrer dans la suite de vos extraits. Mais je dois vous recommander particulièrement, dans le cours de votre travail, de ne laisser passer aucun sujet un peu important de discussion, sans recourir soit aux mémoires manuscrits, soit aux ouvrages imprimés qui pourront vous donner des informations sur les objets de ces discussions. Posez en principe que, pour bien entendre une négociation, il faut se mettre à la place des ministres qui négocient. Or, on ne doit pas supposer qu'il y ait jamais un ministre assez imprudent pour s'engager dans une négociation, avant de s'être pleinement instruit du fond des objets sur lesquels il doit débattre pour le gouvernement dont il est chargé de défendre les intérêts.

Ces limites et ces colonies ne pouvaient certes pas être le sujet légitime d'une guerre qui devait coûter des milliards à l'Europe et faire périr un million de soldats ; elles ne sont pas en elles-mêmes un bien intéressant objet d'observation ; mais elles tiennent au système colonial, qui, dès le principe de son établissement en Europe, était destiné à ébranler toutes les bases de la politique des États, et à changer la face du monde. Le système colonial a d'abord élevé l'Espagne au premier rang des puissances ; il a créé la Hollande, et lui a assigné un rang distingué parmi les Etats du second ordre : par le système colonial, le Portugal a brillé pendant un siècle d'un éclat extraordinaire. A une époque plus rapprochée de nous, l'Angleterre, plus industrieuse et plus attentive à s'approprier les moyens de richesse et de puissance qui pouvaient naître des développemens de ce système, s'est habilement servie des avantages qu'elle a su en retirer, pour abaisser tour-à-tour l'Espagne, le Portugal et la Hollande. Suivez attentivement sa marche dans la guerre qui va éclater. Vos extraits vous ont conduit à l'année 1755. Tout ce que l'Angleterre a fait, tout ce qu'elle a projeté, entrepris, exécuté, tout ce qui était ou pouvait entrer alors dans ses vues, dans les espérances de son ambition, dans les maximes avouées ou secrètes de sa politique, doit être le principal objet de votre étude.

Vous verrez agir, dans cette guerre, des puissances dont l'existence, assez nouvelle alors dans l'histoire des nations modernes, ne laissait pas encore présumer l'influence qu'elles dovaient bientôt prendre sur le système général de la politique continentale : je veux parler de la Russie et de la Prusse. Cinquante ans auparavant, la Russie était à-peu-près inconnue à l'Europe, et la Prusse y était à peine aperçue. Désormais, vous ne trouverez aucun événement, aucune guerre, aucun débat politique, aucun traité, auxquels ces deux États n'interviennent plus ou moins comme parties prépondérantes.

Le système politique de l'Europe avait été fondé, comme je vous l'ai souvent dit, sur le traité de Westphalie. L'Angleterre, qui avait été étrangère à la négociation de ce traité, la Russie et la Prusse, qui devaient, pendant un demi-siècle, rester encore indifférentes à tout ce qui se ferait d'important en Europe, deviennent, en 1756, les trois pivots de l'action qui, pendant un siècle, doit porter une atteinte progressive aux fondemens de ce système. C'est à l'époque de la guerre de Sept ans, et de la négociation de paix de 1763, que l'influence de cette action se fera le plus sensiblement apercevoir.

Revenons à nos extraits. Vous avez été conduit, par ceux que vous avez faits, à l'année 1756. La guerre avait éclaté, l'année précédente, par une infraction à tous les principes du droit public : ce n'est cependant que le 9 juin de cette année, qu'elle fut solennellement déclarée par la France. Vos recherches, vos analyses ont eu jusqu'à présent pour objet de découvrir et de constater toutes les causes de la guerre. Votre travail désormais doit avoir pour objet de découvrir et de constater les causes éloignées et prochaines, directes et immédiates, du rapprochement des cabinets, de leurs négociations et de la paix.

La guerre ne divisait d'abord que deux nations, la France et l'Angleterre : elle semblait dans le principe devoir se borner à des vues de commerce et de conquêtes maritimes ; bientôt elle s'étendit, et devint non-seulement continentale, mais générale : l'Europe se partagea en ligues opposées. Il faut rechercher les causes, les motifs et l'objet de ces ligues ; leur marche ne fut pas constante, et elles n'eurent pas toujours un but uniforme et fixe.

Cette guerre présenta souvent des exemples de défection; on vit
des cabinets s'engager successivement dans des causes opposées. Il n'y a pas, dans l'histoire de cette guerre, une seule année
qui n'ait été signalée par des événemens mémorables; de grandes
et soudaines vicissitudes firent successivement concevoir à
toutes les parties de brillantes espérances et de grandes alarmes.
C'est dans ces vicissitudes, et encore plus dans les germes de
défiance, de jalousie et de concurrence que l'orgueil et l'ambition
ne manquent jamais de faire naître au sein de toutes les ligues,
qu'il faut chercher les causes qui disposèrent les gouvernemens
belligérans à se rapprocher et à s'entendre.

Dès la quatrième année de la guerre, des démarches furent
faites pour le rétablissement de la paix; elles n'eurent pas le
succès qu'on en attendait : elles furent plusieurs fois renouve-
lées; enfin, une double négociation s'établit en Angleterre et en
Allemagne, et la paix fut conclue presque simultanément, à Paris
et à Hubertzbourg, entre les puissances maritimes et les puissances continentales.

A l'aide de vos recherches, vous suivrez les fils de toutes ces
variations. C'est ici surtout que vous devez faire concourir à la
rédaction de vos extraits la lecture des ouvrages imprimés et
celle des correspondances. La plus belle partie de la gloire militaire du siècle dernier se trouve renfermée dans la période de
temps qui est le sujet de vos observations : de là est aussi partie
l'impulsion qui a été donnée à la politique des premières puissances pendant le reste de la durée de ce siècle. Il importe de
rassembler, sur d'aussi importans objets, tous les faits, toutes les
observations, tous les jugemens enfin qui ont été portés, et toutes
les opinions que s'en sont faites les contemporains et les écrivains qui leur ont succédé.

Cependant, il convient de le dire, ce siècle, dont nous sortons
à peine, est encore bien près de nous, et sa bibliographie se
compose d'un bien petit nombre d'ouvrages historiques. Celui
que le plus célèbre des écrivains de ce temps a publié sur le
siècle de Louis XV, n'est qu'une ébauche extrêmement peu soi-

gnée; l'attrait d'un style élégant et pur peut seul être un motif
d'en faire la lecture : mais vous y trouverez peu de recherches,
peu de critique; et une certaine témérité dans les opinions que
cet écrivain se permet d'exposer, doit vous inspirer une juste
défiance sur l'étendue de ses vues et sur la solidité de ses jugemens. Vous aurez une source plus abondante d'instruction dans
les œuvres de Frédéric II, et particulièrement dans l'ouvrage
intitulé, l'*Histoire de mon temps*. Je recommanderai encore à votre
attention l'*Histoire de la guerre de Sept ans* par le général Lloyd;
le *Tableau des guerres de Frédéric-le-Grand* par Muller, et l'*Histoire
du maréchal de Saxe* par d'Espagnac.

Vous trouverez peu de renseignemens dans les derniers
volumes d'histoire générale composés par les écrivains de la fin
du siècle dernier. Ceux d'entre eux qui ont aspiré à se faire une
réputation d'exactitude et de sagesse, se sont arrêtés au règne
qui précédait celui sous lequel ils ont vécu. L'histoire de Hume
finit à l'année 1689. L'ouvrage très-distingué et très-instructif
de l'abbé de Condillac s'arrête au traité d'Utrecht. Voltaire,
comme je l'ai dit plus haut, a peu ajouté à sa gloire, en voulant
étendre jusqu'au temps où il vivait son Histoire générale des
temps modernes.

Le dernier ouvrage historique de M. Koch et celui que M. An-
cillon a publié il y a huit ans, peuvent être ajoutés à la liste que
je viens de donner. Je vous recommande particulièrement
l'Abrégé de l'histoire des traités de paix du premier de ces deux
auteurs. Cet ouvrage doit être considéré comme le *vade mecum*
des élèves du Ministère, pendant tout le cours de leur instruction, à quelque durée qu'elle se prolonge. Je vous recommanderai encore la lecture du tableau historique qui se trouve en tête
de chacun des volumes de l'*Annual Register*. Cet ouvrage, qui
date de 1752, se trouve aux archives, ainsi que la suite de la
gazette de Leyde, depuis l'année 1760. Ces sortes de collections
sont très-utiles à consulter, non-seulement pour la suite complète
des événemens, mais parce qu'elles contiennent encore toutes
les pièces officielles relatives à ces événemens, qui ont été suc-

cessivement publiées par l'ordre et quelquefois aussi sans la permission des gouvernemens.

Il reste encore une classe de livres à consulter; c'est celle des mémoires, des actes publics, des manifestes, des réfutations officielles et non-officielles, qui ont été publiés dans le temps. Il y a un mémoire intéressant qu'il importe de lire : il est intitulé, *Mémoire historique* sur la négociation de la France avec l'Angleterre depuis le 16 mars 1761 jusqu'au 20 septembre de la même année. (Imprimerie royale, 1761). — Il existe une collection de mémoires des commissaires anglais et français, en 3 vol. *in-4°*, où se trouvent les premières conférences qui s'ouvrirent à Paris en 1750 dans l'objet de concilier les différends relatifs à l'intelligence du sens contesté des articles du traité d'Aix-la-Chapelle : j'en ai parlé plus haut. Vous pourrez feuilleter avec fruit la Chancellerie de Faber, le Recueil des traités de Jenkinson, le Recueil des déductions, manifestes, déclarations et traités du Roi de Prusse, par M. de Hertzberg, un des principaux et le plus célèbre ministre de ce prince; le Recueil des principaux traités de Martens, le Recueil des actes et mémoires authentiques des négociations faites pour la paix de 1761, le Pacte de famille et les conventions subséquentes entre la France et l'Espagne, par Dupont de Nemours. Ces recueils, outre les actes qui sont indiqués dans leurs titres, renferment encore un grand nombre de pièces accessoires de discussion, dans lesquelles vous trouverez développées une foule de prétentions et de vues, qui, ne s'étant point réalisées, ont dû ne pas parvenir à la connaissance des contemporains, et que les historiens et les publicistes ont par conséquent dû ignorer; elles méritent d'autant plus de fixer votre attention, que, dans toute négociation, il y a deux sortes de dangers contre lesquels il faut savoir se prémunir, celui de voir échouer des plans qui n'auraient pas été proposés avec assez de prudence, ou soutenus avec assez de fermeté, ou enfin dont le succès ne serait pas secondé par les circonstances, et celui de prendre l'alarme, en voyant se développer tout-à-coup des propositions, des demandes inattendues, qui, soutenues d'abord avec tout l'appareil d'une détermination invariablement arrêtée, doivent cependant céder un peu plutôt, un peu plus tard, à la dextérité d'un négociateur habile, et dont le caractère éprouvé sait opposer à propos une résistance supérieure à l'attaque.

Il y a encore une sorte d'ouvrages qui, dans l'objet de cette partie de votre travail, doivent non pas être lus, mais consultés pour les renseignemens de détail que vous pouvez y trouver relativement aux divers objets de vos recherches. Je vous ai déjà cité l'Histoire politique et philosophique de l'abbé Raynal; je vous indiquerai encore le grand Trésor historique du commerce des Hollandais, l'Essai sur l'état du commerce d'Angleterre, le Dictionnaire universel du commerce de Savary, la partie de l'Encyclopédie méthodique qui concerne la diplomatie, le Dictionnaire universel de la géographie commerçante de Peuchet, le Dictionnaire universel des sciences morales économiques, politiques, etc., etc., de Robinet. Vous trouverez dans ce dernier ouvrage quelques mémoires intéressans sur les formes de la tenue des congrès. Les archives vous fourniront aussi sur ce sujet des rapports instructifs, qui ont été rédigés par M. Ledran. Lorsque vous en serez à la partie de votre travail qui se rapporte à l'histoire de la négociation de la paix de Paris et de celle d'Hubertzbourg, il conviendra que vous ayez des notions bien établies sur les usages et les règles qui ont été généralement, et dans tous les temps, observés par les négociations de toutes les puissances.

Il me reste à vous parler des manuscrits. Vous n'avez plus maintenant à travailler sur un aussi grand nombre de correspondances. Au moment où la guerre a éclaté, les légations accréditées auprès des puissances belligérantes ont été rappelées ; mais les dépêches de celles qui ont survécu à l'état de guerre sont devenues plus intéressantes. La correspondance de Vienne doit être l'objet d'une étude toute particulière. Cette cour devint alors l'alliée de la France ; et cette alliance subit, dans le cours de peu d'années, des variations qui n'ont pas été bien connues dans le temps, et que les écrivains même du temps présent ne connaissent pas bien encore [1]. Il s'est en même temps établi, sur l'utilité, sur l'origine et sur les effets de cette alliance, des opinions presque contradictoires. Une étude bien faite de la correspondance de la légation française à Vienne, vous donnera, sur ces importans objets, des notions positives et précises. Vous y verrez quel fut le véritable auteur des premières liaisons du cabinet de Versailles et de celui de Vienne; par quels degrés et dans quelles circonstances, cette alliance, qui n'était d'abord que défensive, devint offensive, et onéreuse à la France; comment, et par quelle entremise, elle fut ramenée à des conditions plus modérées, moins désavantageuses et plus justes. La connaissance de tous les faits relatifs à ces variations, vous donnera les moyens qui ont manqué à tous les historiens pour tracer un tableau fidèle de la situation pénible dans laquelle se trouvait le ministère de Louis XV à l'époque des premières ouvertures, et surtout à la dernière période des négociations de la paix.

La correspondance la plus intéressante après celle de Vienne, est celle d'Espagne. Cette cour, que des liens de famille et d'intérêt commun attachaient à la politique de la France, ne servit longtemps ses vues que par des vœux stériles et les offres d'une médiation que l'Angleterre refusait d'accepter. On lui demanda d'abord son accession à l'alliance de 1756 avec l'Autriche. Le faible, l'indolent Ferdinand VI régnait, et il était gouverné par un ministre irlandais qui était voué à l'Angleterre. Charles III lui succéda; l'étranger fut renvoyé : le duc de Choiseul avait alors la principale influence dans le ministère de France; le pacte de famille fut conclu, et l'Espagne déclara la guerre à l'Angleterre. Tous les détails préparatoires, qui se rapportent à ces importans événemens, sont du plus grand intérêt. Ils vous feront connaître que les bonnes mesures, même lorsqu'elles sont

----

[1] M. le comte d'Hauterive semble pressentir ici l'utilité des beaux travaux de M. le duc de Broglie sur cet importante phase de l'histoire de la diplomatie française au XVIIIe siècle. En les appelant de ses vœux, il en fait par avance le plus précieux éloge.

conçues et exécutées par des hommes habiles, ne produisent pas toujours les bons résultats qu'on est fondé à espérer. Le pacte de famille fut sans doute une conception politique de premier ordre : cependant elle coûta aux Espagnols quatorze vaisseaux de ligne et autant de frégates. L'Espagne perdit, de plus, cent cinquante bâtimens de commerce, et des sommes immenses, qui furent prises à la Havanne; et les conditions de la paix furent plus onéreuses pour la France, que si nous avions traité seuls avant cette alliance, sur les bases qui avaient été acceptées par l'Angleterre. Le pacte de famille n'a donc pas atteint le but de celui qui en avait conçu l'heureuse idée. Quelle en fut la cause? Vous la trouverez dans les circonstances du temps où ce grand et mémorable engagement fut contracté. Il aurait réellement produit plus tard tous les avantages qu'on avait droit d'en attendre, s'il avait été conclu dans une époque de paix, et après le rétablissement de la marine des deux puissances.

M. le duc de Choiseul était un grand ministre, on peut dire même, le plus grand ministre de son temps, et un des plus grands du siècle dernier. Plus éclairé que lord Chatam, doué d'un esprit plus fécond en ressources, et avec des vues plus étendues, il avait la même élévation de caractère, le même amour passionné pour la gloire, et le même dévouement aux intérêts de son pays. Aucun de ses contemporains n'a pu lui être comparé pour la hardiesse des desseins, et pour la constance, l'ardeur, l'activité et la vigueur qu'il mettait à leur exécution. Toutefois, il ne put procurer à la France qu'une paix sans gloire et des avantages qui étaient loin de compenser les sacrifices auxquels elle était obligée de souscrire. M. le duc de Choiseul fut mal servi par les circonstances : la France et ses alliés s'accordaient peu dans leurs vues; chacun d'eux ne voyait dans la guerre commune que le but particulier de son intérêt. Le cabinet de Versailles avait en même temps à traiter avec l'Angleterre pour ses intérêts maritimes, et avec l'Allemagne pour les intérêts de sa politique continentale; et quand son attention était absorbée dans les difficultés de cette double-négociation, il devait encore négocier à Vienne et à Madrid, pour maintenir un concert que la jalousie, l'ambition et l'égoïsme tendaient sans cesse à détruire. M. de Choiseul avait ainsi à mener de front quatre négociations également épineuses, et en même temps il administrait ou dirigeait à-la-fois trois ministères : il faut dire encore que la France avait perdu ses grands hommes de la guerre de 1742, et que, dans la guerre de Sept ans, elle eut à combattre sur mer et sur terre les plus grands généraux de l'Allemagne et les plus célèbres marins de l'Angleterre.

Je vous engage à chercher dans ces pièces, et à insérer dans vos extraits, tous les renseignemens de détail qui pourront vous donner une juste idée de tous ces désavantages. Ce n'est qu'en les pesant, en les comparant avec la politique du cabinet, et en les rapportant ensuite à la politique générale, que vous pourrez bien apprécier la direction donnée par le ministère français à la négociation, et les principes sur lesquels il a consenti à la paix.

Après les correspondances de Vienne et d'Espagne, et celles de la négociation, vous ne trouverez plus, dans les cartons, que des correspondances de second ordre. Cependant, comme tous les gouvernemens et toutes les légations ont dû être singulièrement attentifs aux vicissitudes, et inquiets sur l'issue de cette grande et mémorable guerre, il n'y avait aucune position diplomatique en Europe où l'on n'eût pas un très-grand intérêt à bien suivre la marche des événemens, et à pressentir leur résultat sous le rapport de la politique générale. Je placerai même ici une observation qui ne sera pas sans importance sur le genre de service qu'on peut attendre des légations secondaires.

J'ai fait moi-même une revue particulière et assez soignée de la correspondance de ces légations; et j'ai eu tout lieu de me convaincre, en la comparant avec celle des grandes ambassades, que les moyens d'information qu'on peut trouver dans ces sortes de recherches ne sont proportionnés en aucune manière, par leur intérêt et leur valeur, à la puissance et à l'importance des gouvernemens auprès desquels les légations sont accréditées. J'ai été particulièrement frappé de l'abondance des renseignemens qu'on pouvait recueillir dans la correspondance de nos légations à Venise, quand les ministres que la France entretenait auprès du Gouvernement de cette république, étaient doués de quelque zèle, et savaient se prévaloir pour s'instruire des avantages de leur position. Ce que je vais dire sur ce point, à l'appui de mon observation, pourra trouver une application plus ou moins juste, et plus ou moins étendue, aux autres gouvernemens de la même classe.

Depuis le traité de Passarowitz, le gouvernement de Venise avait senti que les ressources de sa population et de ses revenus ne pouvaient lui fournir des moyens suffisans pour protéger son territoire par des forces défensives. Se voyant dès-lors à la merci de la politique extérieure, il jugea qu'il ne pouvait fonder sa sûreté que sur le système fédératif, système incertain et vague, qui n'offre de garantie que quand il est soutenu par un bon système militaire.

Le gouvernement de Venise ne pouvait donner à son système fédératif aucun de ces deux appuis; il croyait y suppléer par une vigilance extrême sur tous les mouvemens de la politique des cabinets de l'Europe. Il avait sans cesse les yeux ouverts sur les intrigues des cours, sur les projets des ministres, sur les factions qui divisaient les peuples et les gouvernemens; et, profitant assez habilement de l'avantage que donne la première découverte d'un plan, dont, par l'ensemble de ses observations, il était plus à portée de prévoir les conséquences, il avait le temps de se placer hors de portée et d'en éluder l'atteinte : il suivait assidûment le fil de toutes les trames politiques, dévoilait avec art ce qu'il était de son intérêt de faire connaître; et, mettant un prix à des révélations faites avec réserve, il se ménageait ainsi les moyens d'échapper à l'avidité de ses ennemis, et d'intéresser les sentimens de ceux qu'il appelait ses alliés ou ses amis.

Venise était donc un grand et fécond foyer d'espionnage. Les dépêches de ses ambassadeurs étaient lues en plein sénat; et, des séances de cette assemblée, tous leurs mystères filtraient, si l'on peut employer cette expression, dans la nombreuse classe des patriciens. Il est vrai qu'il n'existait aucun point de contact entre les ambassadeurs étrangers et les membres du gouvernement, ni même avec aucun individu de la classe aristocratique : mais l'esprit de perquisition tenait sans cesse en haleine toutes les personnes qui appartenaient à cette classe élevée, et leur faisait attacher le plus grand prix à la découverte de quelques faits nouveaux; et, comme il est reconnu en matière d'espionnage que cette profession ne s'exerce avec quelque succès que par un échange mutuel de révélations, il s'était naturellement établi une classe d'intermédiaires officieux qui, intervenant sans cesse entre les nobles de Venise et les ministres étrangers, jouaient avec une extrême dextérité le rôle de double espion. C'était ensuite à la sagacité des personnages éminens qui recevaient les résultats de ce singulier échange, à savoir discerner la sincérité des communications qui leur étaient faites.

Ainsi, l'histoire des relations politiques du gouvernement de France avec celui de Venise, est, en quelque sorte, le tableau des correspondances diplomatiques de tous les gouvernemens de l'Europe; car on s'apercevra aisément que le gouvernement de Venise, qui ne négociait jamais par interlocuteur, avait dû se faire en même temps un besoin et un système de sa lenteur à prendre un parti; et cette lenteur avait toujours pour motif de consulter les impressions de tous les autres gouvernemens, avant de laisser pénétrer les siennes.

Dans le déclin progressif que la république de Venise a eu à subir depuis le traité de Passarowitz, et, en remontant plus haut jusqu'à l'origine de cette décadence, depuis la ligue de Cambray, c'est à sa vigilance inquiète, qui s'étendait à tout, et qui ne s'est pas un instant démentie, que son gouvernement a principalement dû l'espèce de considération et de force d'opinion dont il a joui jusqu'au dernier moment de son existence : c'est ainsi qu'il a su se dispenser d'intervenir dans les guerres générales et de prendre part aux vicissitudes politiques qui appauvrirent et ébranlèrent tant d'autres gouvernemens, moins faibles peut-être, mais en même temps moins sages et moins prévoyans que lui.

J'ai lu, avec une extrême attention, toute la suite de la correspondance de la légation française à Venise, depuis l'année 1788 jusqu'à l'époque de l'anéantissement de cette république. J'ai été surpris et charmé de trouver dans cette correspondance les renseignemens les plus curieux et les plus instructifs sur la politique générale, sur les vues, les mesures, les espérances, les projets, les efforts de toutes les puissances du continent, pendant cette première période de la durée de la Révolution française. Si les monumens de toutes les relations diplomatiques de cette mémorable époque étaient perdus, à l'exception de la correspondance française avec le gouvernement de Venise, je ne crains pas de déclarer qu'on trouverait, dans les dépêches de cette légation, des matériaux suffisans pour recomposer un tableau général et complet de toute l'histoire diplomatique de ce temps.

Vous ne pouvez donc manquer de recueillir, dans les cartons de la légation française à Venise, des renseignemens qui vous seront utiles. Vous en trouverez également dans ceux des légations françaises en Allemagne; et enfin, quand cette source d'informations sera épuisée, vous serez arrivé à la fin de la seconde période de votre travail. Tous les matériaux du grand tableau historique et politique que vous aurez à tracer seront sous vos yeux. Vous n'aurez plus alors qu'à vous recueillir, à méditer longtemps le sujet sur lequel votre esprit, enrichi d'une si abondante moisson d'observations et de faits, devra s'exercer seul et sans le secours d'aucun guide. Cette partie de la tâche qui vous est imposée, est incontestablement la plus difficile; mais elle est en même temps la plus attachante.

Je me contenterai de vous donner des conseils sur quelques détails de ce dernier travail : ces conseils seront en même temps un résumé de tout ce qui précède.

Vous avez à tracer en traits rapides, 1° un tableau de la situation générale des puissances de l'Europe au temps du traité de Westphalie; 2° un précis des changemens politiques qui sont survenus, depuis ce traité jusqu'à celui d'Aix-la-Chapelle, dans les rapports des grandes puissances entre elles, ainsi que dans les relations respectives de dépendance et de protectorat entre les grandes et les petites puissances; et il est entendu que vous devez insister plus particulièrement sur les variations successives que le système fédératif et le système politique de la France ont subies dans le cours de cette période; 3° un tableau de la situation générale des puissances de l'Europe à l'époque du traité d'Aix-la-Chapelle; et cette première partie du tableau que vous avez à tracer, doit être faite d'après le souvenir de vos anciennes lectures, et d'après les extraits de la lecture récente de quelques ouvrages dont je vous ai indiqué les titres, et sur lesquels je vous ai recommandé de faire régulièrement des extraits soignés à mesure que vous les lisiez.

Vous avez à observer, particulièrement dans la rédaction de cette partie de votre tableau général, les changemens qui se sont opérés dans les rapports politiques, à rechercher les causes de ces changemens, et à en indiquer les conséquences. Vous avez des fautes et des erreurs à imputer aux ministres, aux gouvernemens qui ont été, soit volontairement, soit involontairement, la cause des maux que leur pays a soufferts et a fait souffrir aux autres. Les guerres injustes ou téméraires sont toujours de grands délits politiques, dont il faut que les premiers auteurs soient signalés à la désapprobation de la postérité. Quand, dans vos lectures, vous aurez trouvé, sur ces différens objets, des données positives, des preuves formelles, vous devez les avoir consignées en citations textuelles, tirées, soit des pièces officielles, soit du témoignage des écrivains accrédités. Ces citations doivent figurer dans vos extraits. Par l'impression que vous aurez reçue vous-même de la lecture des mémoires, des rapports, etc., qui ont passé successivement sous vos yeux dans le cours de votre travail, vous avez dû juger que des citations bien choisies et bien appliquées sont tout ce qu'il y a de plus propre à animer une discussion et à donner de la force à une suite bien ordonnée de faits, d'observations et de raisonnemens. Voilà de quoi se compose la première partie de votre tableau général.

La seconde partie de ce tableau est proprement l'objet principal, et comme de prédilection, du travail que vous avez à faire. Vous partez de la période où les rapports du système général des États ont été déterminés et fixés par un traité; vous avez à observer les causes des changemens qu'ils doivent bientôt subir : vous rechercherez d'abord les motifs ou les prétextes de la guerre; vous vous étudierez à les bien discerner dans leurs plus imperceptibles indices et sous tous les voiles trompeurs de la bonne intelligence apparente des légations et des cabinets respectifs; vous en suivrez la progression, et vous arriverez au moment où la guerre a éclaté.

Vous verrez cette guerre, bornée d'abord dans son objet et dans ses moyens, s'animer par degrés, et montrer bientôt, dans sa marche et dans ses vues, une ardeur et une étendue qui font craindre que le système politique de l'Europe ne soit renversé et reconstruit sur de nouvelles bases. Vous devez étudier ces progrès et ces vicissitudes; vous devez apprécier les maux, les dangers, les efforts, les succès, et, à travers toutes ces vicissitudes, suivre la naissance et l'influence des causes qui ont conduit tant d'ennemis ambitieux et acharnés à une négociation qui devait modérer toutes les ambitions, éteindre tous les ressentimens, et concilier tous les intérêts.

Ici, comme dans la première partie de votre tableau, je vous recommande de faire un bon choix et un bon usage des citations que vous trouverez dans vos extraits. Toutes les injustices doivent être dévoilées. Il faut tenir compte à toutes les parties de la sagesse, de la modération, du courage qu'elles ont montrés dans toutes les circonstances. Il faut que tous les motifs de jalousie, d'ambition, d'avidité, de domination injuste et exclusive soient dévoilés, et que l'on sache à qui s'en prendre du fléau qui alors a coûté tant de sang et tant de trésors à l'Europe. Il faut aussi que les preuves de raison et de sagesse, qui ont été données par des gouvernemens plus modérés, soient constatées; et vous devez vous attacher à les faire bien connaître. Vous devez en même temps signaler l'ardeur, le zèle et l'activité des ministres qui, sans cesse occupés du désir de rapprocher les gouvernemens, stimulant les plus indolens pour les porter à faire des efforts qui pussent concourir au but salutaire qu'ils avaient en vue, et luttant contre l'obstination de ceux qui ne voulaient mettre ni terme ni mesure à leurs entreprises, ont enfin réussi à procurer aux peuples les bienfaits de la paix. Sur tous ces points, vous ne devez pas vous borner à de simples assertions; il faut chercher et trouver des preuves dans les documens officiels, et appuyer ces preuves par des citations positives et textuelles.

On a dit de l'histoire qu'elle était la première leçon des Rois : elle est surtout celle des classes d'hommes et des professions qui sont destinées à les servir; et cette maxime trouve ici une application tout-à-fait spéciale. Car les hommes dont il vous importe aujourd'hui d'observer le langage et la conduite, et parmi lesquels vous aurez un jour à chercher les exemples qu'il sera de votre devoir et de votre intérêt de suivre, ont eu une grande part aux événemens qui ont décidé du sort des gouvernemens et des peuples : ils doivent donc être le constant objet de votre attention; et, dans le grand tableau que vous aurez à tracer, ce sont eux, c'est-à-dire les principes d'après lesquels ils ont agi, la direction qu'ils ont suivie; ce sont leurs vues, leurs succès, leurs erreurs et leurs fautes, que vous devez principalement faire ressortir.

Dans le cours des négociations, leurs fonctions avaient pour objet d'abréger la durée de la guerre et d'accélérer le terme désiré de la conciliation de tous les intérêts. Ont-ils fait tout ce qui était en leur pouvoir? Ont-ils développé le zèle, l'énergie qui étaient dans les obligations de l'importante mission dont ils étaient chargés? Ont-ils su maîtriser leurs passions personnelles, si, comme il arrive trop souvent, elles ont été mises en jeu par les circonstances? Leurs démarches, leurs offices, leurs dépêches portent-elles toutes ce caractère de mesure, de sagesse, de dignité, qui, dans d'aussi grandes et d'aussi épineuses discussions, peut seul assurer le succès des prétentions même les plus justes et les plus modérées? Cherchez ici, sans craindre de montrer une présomption déplacée, à vous faire une opinion établie sur les hommes dont vous étudiez la conduite ; et jugez en même temps leurs actions, leur langage, leurs écrits. Ce que vous écrirez, les jugemens que vous porterez, ne sont pas destinés à être rendus publics. En portant ces jugemens, vous ne prétendrez sans doute affecter aucune espèce de supériorité sur des hommes qui tous étaient plus ou moins recommandables par leur caractère, par leur expérience, par leur savoir, par leurs talens, par leurs services. Mais nous avons aujourd'hui sur eux un avantage dont nous ne voulons nous prévaloir que pour notre instruction. Nous connaissons mieux qu'eux aujourd'hui l'ensemble des événemens dont ils n'avaient que des notions incertaines et partielles ; et les résultats de leurs travaux, mieux et plus généralement appréciés qu'ils n'ont jamais pu l'être de leur temps, nous mettent en mesure de juger et de reprendre des hommes qui, nous n'éprouverions aucune peine à l'avouer, avaient certes plus de discernement et de prudence et étaient en même temps plus capables de bien faire que nous.

La même observation s'applique aux légations. Dans la période de la paix, cette agence est destinée à maintenir la bonne intelligence entre les gouvernemens ; et ce n'est que par l'exercice assidu et constant d'une vigilance sage et éclairée, que les agens diplomatiques peuvent espérer de remplir le but de leur mission. En relisant vos extraits, vous devez y trouver tous les renseignemens qui peuvent vous faire connaître si les ministres français auprès des cours ont bien rempli les devoirs de leur place ; s'ils ont été attentifs à saisir les premiers indices des changemens qui devaient survenir, peu d'années après, dans les rapports politiques des gouvernemens ; s'ils ont travaillé à propos à dissiper les premières impressions, à prévenir les premières entreprises, à deviner les premières embûches d'une politique insidieuse, jalouse, ambitieuse et ennemie ; s'ils ont enfin su prévoir les premières attaques qui seraient ouvertement adressées à la politique française ; et s'ils ont opposé à ces attaques une résistance prudente, opportune et bien calculée.

La première et la plus constante occupation des agens diplomatiques, en pays étrangers, doit être d'observer ce qui se passe sous leurs yeux, de deviner, — s'ils peuvent, — ce qu'on leur cache et de pressentir, autant qu'il est donné à la prudence humaine de le faire, les évènemens prochains. Leur plus important devoir est de rendre compte sans cesse, à leur gouvernement, de toutes leurs pensées et du résultat de leurs observations. Dans l'intérêt que vous avez de former votre esprit par l'étude de leurs correspondances, ce qui vous importe, par-dessus tout, est de vous assurer s'ils ont bien observé, s'ils ont bien présumé, s'ils ont bien pressenti, et s'ils ont enfin bien informé leur gouvernement de tout ce qu'il était intéressant pour lui de connaître. Nous devons nous arrêter un instant sur cet objet, à l'égard duquel il est extrêmement intéressant, pour votre avenir, que vous ne vous en teniez pas à des maximes vagues et à des notions superficielles.

Les agens politiques représentent au-dehors la vigilance et la force du gouvernement qui les accrédite. Sous ce double aspect, leurs fonctions se graduent sur une échelle d'activité, dont je vais vous présenter les développemens d'une manière distincte et précise.

1° L'agent politique observe en secret et surveille assidûment le gouvernement près duquel il réside. Les observations qu'il fait, les renseignemens qu'il recueille, sont par lui transmis avec exactitude à son cabinet; et c'est ainsi que les gouvernemens voient sans cesse, par les yeux de leurs agens, tout ce qui sert aux intérêts du Prince et tout ce qui peut leur nuire.

2° L'agent politique laisse apercevoir sa surveillance; et les ministres du gouvernement qui en est l'objet doivent présumer, en le voyant attentif aux premières manifestations de leurs vues, que telles tentatives qu'ils méditent n'ont pas échappé à sa sagacité, et qu'au moment où le premier indice d'exécution menacera d'altérer, à quelque degré que ce soit, les rapports existans entre les deux pays, il saura s'opposer, avec le zèle et l'énergie qui sont dans ses devoirs, à toute tentative et à toute entreprise qui pourrait être contraire aux intérêts et aux droits qu'il est chargé de défendre.

3° L'agent politique entre directement et ostensiblement en rapport avec le gouvernement près duquel il réside; mais, à moins qu'il n'ait déjà des instructions précises et spéciales pour l'objet direct des communications qu'il a en vue, il se contente de notifier à ce gouvernement qu'il se dispose à la discussion et qu'il va prendre les ordres de son gouvernement.

4° Enfin, l'agent politique, après avoir reçu les ordres de son gouvernement, adresse des réclamations au gouvernement local, ou il répond aux siennes. Il débat, il discute, il transige, enfin il négocie. Telle est l'échelle des diverses fonctions que les agens politiques ont à exercer au dehors. Il en résulte quatre classes de devoirs, qui vont me fournir la matière de quelques observations.

La première classe des devoirs qui sont imposés aux agens politiques est toute renfermée dans l'exercice de leur vigilance. Cette vigilance suppose qu'ils ont acquis, et qu'ils font tous leurs efforts pour compléter, par une étude constante et assidue, la connaissance exacte des intérêts et des droits de leur souverain, dans le pays de leur résidence; ce qui comprend nécessairement toute l'étendue de nos rapports commerciaux et toute celle de nos rapports politiques. C'est dans la pratique d'une agence bien exercée, que cette connaissance s'étend et se complète; car les obstacles que les rapports sociaux mettent à l'activité et à l'amélioration des relations du commerce, et les entraves que les intrigues, les ambitions personnelles et le caractère individuel des agens des gouvernemens opposent sans cesse à la libre assiette des rapports politiques, sont une partie essentielle de la science diplomatique, et ne peuvent être bien connus que de ceux qui ont la charge journalière de les combattre.

Dans cette première classe de leurs devoirs, les agens politiques ne sont gênés par aucune restriction : ils sont dans le domaine plein et illimité de leur zèle. Ils recherchent tout ce qui

est susceptible d'être connu ; ils transmettent à leur cabinet tout
ce qu'ils sont parvenus à découvrir.

Mais, en entrant dans la seconde classe des devoirs de leur
place, la prudence, qui est une de leurs plus importantes et de
leurs plus indispensables qualités, doit accompagner toutes
leurs déterminations. Il ne s'agit encore pour eux que de laisser
voir aux ministres du gouvernement près duquel ils résident
qu'ils ont observé tel ou tel indice de leurs vues, qu'ils les sui-
vent dans leurs tentatives secrètes, qu'ils sont sur la trace de
leurs projets ; et cependant ils ne doivent pas se décider sans
réflexion à cette manifestation de leur surveillance : car l'effet
naturel de cette manifestation, doit être d'empêcher, d'arrêter la
marche de ces ministres ; et il est ici tel cas où il peut être utile
de les laisser aller plus avant, de leur donner une marge plus
ample, pour qu'ils puissent se prononcer plus ouvertement. Il
se peut encore, si l'on n'avait pas la certitude de réussir à
imposer plus de retenue à l'ambition, à la malveillance d'un
ministre entreprenant, qu'il ne convînt pas de paraître apercevoir des vues que la dignité du souverain qu'on représente
voudrait voir rétracter aussitôt qu'elles se dévoilent. C'est à
l'habileté des agens à consulter, sur ce point, l'esprit de la mission dont ils sont chargés et l'honneur du gouvernement qu'ils
représentent. Ici, leur responsabilité est toute entière dans
l'exercice de leur discernement.

Quant à la troisième classe des devoirs des agens politiques,
il est plus facile d'en saisir l'objet et d'en apercevoir la garantie.
Ici, l'agent politique se met en rapport ostensible avec les ministres du gouvernement local. Il doit avoir sans cesse présent
à l'esprit le système des droits et des intérêts de son souverain,
qui sont sensiblement indiqués par l'état existant des choses,
par les usages reçus, par le texte des traités ; et, s'il s'agit
d'une amélioration dans les rapports établis, il doit chercher ses
titres dans l'esprit de ces traités, et dans le système général des
intérêts respectifs des deux gouvernemens.

Mais quoique, dans l'exécution de cette classe de devoirs,

l'agent politique voie d'un coup-d'œil la route qui s'ouvre devant lui, il faut cependant qu'il fasse usage de toute sa sagesse, avant de s'y engager. Quand un agent politique observe, il n'est en rapport qu'avec son gouvernement, pour le service duquel il observe. Quand il laisse apercevoir qu'il exerce cette surveillance, il entre bien, à quelques égards, dans un rapport indirect avec les ministres auxquels il donne à connaître qu'ils sont l'objet de son attention; cependant ces ministres ne voient encore que l'observateur, et ils ne peuvent tirer avantage de la connaissance qu'ils ont de la manière dont il remplit les obligations de sa place : mais quand l'agent politique parle officiellement, les ministres ne voient plus en lui que le gouvernement dont il est l'organe; et cette pensée doit être sans cesse pour lui un motif de crainte, ou tout au moins de circonspection et de retenue.

La première règle à observer à cet égard, est de ne rien présumer, de ne jamais agir sans autorisation, de réclamer des instructions précises, et de bien se pénétrer de ce principe, « qu'en matière de discussion positive, soit qu'il s'agisse de « déclarer, soit qu'il s'agisse de répondre, les gouvernemens seuls « proposent et négocient, et les agens diplomatiques ne sont « que leurs organes. »

Les agens diplomatiques n'ont la faculté, ni de choisir, ni d'accorder, ni de refuser, ni de transiger. Ils exposent officiellement les déterminations du gouvernement près duquel ils représentent. Mais, s'ils sont des organes sans volonté, ils ne doivent pas être des organes sans intelligence. En énonçant les décisions dont ils sont les interprètes, ils ont la charge d'en plaider la justesse et de choisir le temps et les moyens d'en assurer le succès. Leur responsabilité est toute entière dans leur fidélité à se restreindre dans les bornes de leurs instructions, dans leur sagacité à en bien connaître la mesure, et dans leur exactitude à y conformer leur conduite.

Toutefois, il est important de l'observer, et je terminerai en même temps ici ce que j'avais à dire sur ce sujet et les conseils que je m'étais proposé de vous donner pour vous guider dans vos lectures ; dans toute instruction relative à une discussion de droit, il y a des degrés d'exigence ou de sacrifices, qui, du moment où la direction a été donnée au nom du gouvernement qui l'approuve, semblent laisser au discernement de l'agent qui doit agir une grande latitude d'autorisation : mais il ne faut pas qu'il s'y méprenne. La responsabilité d'un agent n'est pas déterminée par les sacrifices qu'il peut faire ou l'exigence qu'il doit montrer et dont il trouve la mesure dans la rédaction de ses instructions ; le mieux, dans ce qui était possible, entre essentiellement dans les devoirs de sa mission. Ce mieux doit être sans cesse en perspective devant lui, pour animer son zèle, pour encourager ses efforts ; et c'est par ces efforts seuls, et non par les résultats, que sa conduite sera jugée : car, comme tout ce qui entre dans les idées de prudence, de zèle, de discrétion et d'habileté, appartient au rôle vraiment important d'un agent politique, tout ce qui appartient au calcul, qu'il eût pu, mais qu'il n'a pas su obtenir, et tout ce qui peut être présenté comme motif de justification, font essentiellement partie des moyens et des devoirs de sa responsabilité.

Je vous ai donné, Monsieur, tous les éclaircissemens dont il m'a paru que vous aviez besoin ; la route vous est maintenant tracée, et je dois vous abandonner à vous-même. Vous connaissez les divers aspects sous lesquels vous devez envisager, étudier, méditer, analyser les correspondances diplomatiques ; vous savez quels sont les ouvrages que vous devez consulter, dans quel ordre, et dans quelle vue ils doivent être lus. Ces correspondances vous seront remises ; les livres des archives vont être également à votre usage. Cependant, comme ces documens ne seront pas toujours à votre disposition, et que, du moment où vous vous éloignerez de nous, vous ne pourrez plus trouver que dans votre bibliothèque les moyens de continuer le cours de votre instruction, je crois devoir compléter le travail que je me suis proposé de faire pour vous, en ajoutant à ces explications quelques conseils sur le choix des livres qui doivent successivement former la bibliothèque d'un agent diplomatique ; et c'est par là que je terminerai les indications que je m'étais promis de vous tracer.

II

DU CHOIX DE LIVRES

Les fonctions de la carrière diplomatique ont de longs et fréquens loisirs. Un système de lecture, constamment suivi, et arrêté d'avance, n'a pas seulement l'avantage de prévenir l'ennui ; il préserve encore l'esprit de ce vague, de cette irrésolution, qui sont le résultat nécessaire du défaut de liaison dans les occupations et dans les idées. Les connaissances acquises et bien ordonnées sont un moyen indispensable de direction dans la conduite des affaires. Pour l'homme sans études, tout est nouveau et sans exemples ; personne n'a frayé pour lui et il n'ose tracer lui-même la route qu'il doit suivre. Celui, au contraire, dont l'esprit s'est nourri des faits et des théories qui se rapportent aux devoirs de la profession qu'il a embrassée, ne voit rien arriver d'embarrassant ni d'inattendu. Il a vu s'élever, dans d'autres lieux et dans d'autres temps, les difficultés, les obstacles dont sa route est semée, et ses prédécesseurs lui ont appris d'avance les moyens de les écarter ou de les vaincre.

Je suppose, Monsieur, que, du moment où vous avez fini vos premières études, vous vous êtes occupé du soin de vous former une bibliothèque, et que, de vous-même, vous avez pensé qu'elle devait successivement se composer des ouvrages les plus importans et les plus nécessaires pour l'homme qui a l'esprit cultivé, et dans les divers genres de littérature, d'art, d'histoire, de sciences, de philosophie, etc., etc. Parmi tous ces ouvrages, il en est peu qui soient complètement inutiles à un agent diplomatique ; et il en est un très-grand nombre qui tiennent, par les rapports d'une analogie assez prochaine et d'une application immédiate, à l'étude, à la conduite et à la pratique des affaires politiques. La bibliothèque de tout homme bien élevé, à quelque genre de service public qu'il se destine, doit comprendre le petit nombre d'ouvrages qui sont au premier rang des classiques de chaque nation, soit ancienne, soit moderne. Ceux qui ne peuvent les lire dans les langues originales, doivent en chercher et en recueillir les traductions. Cette liste n'est pas considérable.

Quant à la bibliographie diplomatique, envisagée isolément, et réduite aux ouvrages qui traitent de la politique et qui la considèrent, soit comme une science, soit comme un art, elle est et doit être extrêmement bornée.

Les livres qui traitent de la politique comme science, sont ceux qui donnent les règles et les principes du droit public; les autres exposent la pratique de ces règles, et les divers procédés que la politique recommande et conseille. Tels sont les récits des négociations, les divers recueils de correspondances qui ont été publiés à diverses époques, et les pièces officielles enfin qui, après l'événement, ont mis au grand jour la direction et la marche des grandes affaires.

Les collections de traités de paix, résultat définitif des négociations et des communications, soit habituelles, soit temporaires, qui s'établissent entre tous les gouvernemens, appartiennent encore à la bibliographie diplomatique.

Je vais vous donner une liste des ouvrages les plus connus dans ces trois sections de la bibliographie diplomatique.

§. Ier.

1.° Les ouvrages de Puffendorf, c'est-à-dire,
Élémens de la Jurisprudence universelle;
Introduction à l'Histoire des principaux États qui sont actuellement en Europe;
Traité du Droit naturel et des gens.

Je crois devoir vous avertir que les ouvrages de Puffendorf, vieillis aujourd'hui par les progrès qu'on a faits dans l'art de développer les principes et de simplifier les discussions dogmatiques, sont presque devenus entièrement hors d'usage. Cet auteur est d'ailleurs obscur, dissertateur, métaphysicien et mauvais écrivain. Ses ouvrages sont remplis d'erreurs de fait, et ils sont écrits d'un style barbare.

2.° Les œuvres de Barbeyrac.

Il a traduit les ouvrages de Puffendorf, qui étaient écrits en latin.

Il a traduit les ouvrages de Grotius sur les Droits de la guerre et de la paix.

Il a fait l'Histoire des anciens traités qui se trouvent épars dans les auteurs grecs et latins jusqu'à Charlemagne.

Barbeyrac n'écrit guère mieux en français que Puffendorf en latin : cependant les deux derniers ouvrages, et surtout l'avant-dernier, doivent être placés dans la bibliothèque d'un agent diplomatique.

3.° Les ouvrages de Wolf.

Cet auteur a principalement écrit sur les sciences exactes : il a cependant donné un Droit de la nature, en huit volumes in-4.°, et un Droit des gens, en un volume in-4.°. Ces deux ouvrages ont été abrégés et traduits en français par M. Formey, sous le titre de Droits de la nature et des gens, en trois volumes in-12.

Le style de Wolf est plus dur et plus incorrect, s'il est possible, que celui de Puffendorf. J'ajoute qu'il est d'une diffusion qui rend la lecture de ses écrits insupportable. M. Formey, en abrégeant ses ouvrages politiques, en a facilité l'usage, et a très-bien fait ressortir la qualité distinctive de Wolf, qui est une très-bonne méthode pour développer ses idées et pour établir ses principes.

4.° Les œuvres de Wattel.

Son principal ouvrage est le Droit des gens, ou les Principes de la loi naturelle appliqués à la conduite des nations et des souverains, 2 vol. in-4.°.

Wattel est un écrivain plus récent que les auteurs qui viennent d'être cités. Son ouvrage n'en est pas pour cela d'un plus grand

secours; il est diffus, rempli de contradictions et d'inconsé-
quences, et il laisse percer partout sa partialité pour l'Angleterre.

5.° Un ouvrage écrit avec beaucoup moins de faste et d'appareil, mais aussi avec plus de discernement et de bon sens, est
celui de M. de Rayneval, sous le titre d'Institution du Droit
naturel et des gens, *1 vol. in-8.°*.

6.° Celui de Grotius, sur le Droit de la guerre et de la paix,
est un ouvrage de premier ordre.

7.° Il faut joindre à ces deux écrits ceux de l'abbé Gagliani, de
Lampredi et d'Azuni, *5 vol. in-8.°*; celui de M. de Rayneval sur
la Liberté des mers, *2 vol. in-8.°*, et l'ouvrage de Burlamaqui,
intitulé, *Principe du droit naturel et politique, 3 vol. in-12*.

8.° On peut encore joindre à cette liste l'*Ambassadeur* de Wic-
quefort, quoique ce livre soit très-mal fait, et qu'il soit rempli de
maximes hasardées et de principes douteux; mais il intéresse
par la quantité considérable de faits que l'auteur a recueillis.

§. II.

Les mémoires, lettres ou recueils de pièces des anciens ministres ou ambassadeurs doivent être mis en première ligne.

9.° Lettres du cardinal d'Ossat, *5 vol. in-12*.

10.° Mémoires et négociations du président Jeannin, *4 vol.
in-12*.

11.° Mémoires de Sillery, *2 vol. in-12*.

12.° Recueil de lettres et de négociations du comte d'Avaux,
6 vol. in-12.

13.° Négociations du comte d'Estrades, *9 vol. in-12*.

14.° Ambassade du cardinal du Perron, *2 vol. in-12*.

15.° Ambassade de La Boderie, *5 vol. in-12*.

16.° Ambassade de Bassompierre, *2 vol. in-12*.

17.° Lettre du cardinal Mazarin sur la paix des Pyrénées,
1 vol. in-12.

18.° Négociations de M. Arnaud, *4 vol. in-12.*

19.° Mémoires et négociations della Torre, *5 vol. in-12.*

20.° Mémoires de Torcy, *2 vol. in-12.*

21.° Ambassades de Noailles, *2 vol. in-12.*

Et quelques autres, dont je ne mets pas les titres dans cette liste, ne voulant indiquer que ceux qui méritent une attention particulière. Cette mention, au reste, n'est faite ici que parce que les ouvrages qui en sont l'objet rappellent des noms recommandables et des époques importantes dans l'histoire de la diplomatie. Si l'on veut faire un choix, on pourra se borner aux 9.°, 17.°, 20.° et 21.° numéros [1].

Les ouvrages qui ont été compilés et rédigés par des auteurs étrangers aux négociations et aux affaires politiques dont ils voulaient donner la connaissance au public, doivent être placés dans cette section de la bibliographie diplomatique : je citerai d'abord :

22.° L'Histoire du traité de Westphalie, du P. Bougeant, *6 vol. in-12;* et ensuite :

23.° L'Histoire de la paix des Pyrénées, *2 vol. in-12.*

24.° Les Mémoires pour servir à l'Histoire des négociations, *3 vol. in-12.*

25.° L'Histoire de la négociation de la France sur la paix de Munster, *2 vol. in-12.*

26.° L'Histoire des traités depuis la paix de Vervins jusqu'à celle de Nimègue, et depuis la paix de Nimègue jusqu'à la paix de 1693, par M. de Saint-Prest.

> Ce dernier ouvrage existe en manuscrit aux archives. Il fut fait par M. de Saint-Prest, garde du dépôt, qui avait été chargé par le Roi de l'instruction des élèves au commencement du siècle dernier, époque de la première institution de cette espèce qui ait été fondée dans le ministère. Cette école tomba par le dégoût que l'on eut du défaut de zèle et de l'indiscrétion de ces jeunes gens.

[1] Il est à peine besoin de faire remarquer de combien d'importantes publications de correspondances diplomatiques cette courte nomenclature s'est accrue depuis soixante ans.

Un certain abbé Leroy, qui avait été au nombre de ces élèves, copia furtivement une partie des manuscrits de M. de Saint-Prest, et les fit imprimer en Hollande en 1725, 2 vol. in-fol.

27.° Mémoires sur la négociation de 1761, *1 vol. in-8.°*.

28.° Lettres de Bolingbroke, édition de Grimoard, *3 vol. in-8.°*.

Pour compléter cette liste, je joindrai les ouvrages qu'on peut appeler didactiques, en ce qu'ils paraissaient avoir été faits pour donner des règles sur la manière de procéder en diplomatie. J'y joindrai encore les ouvrages qu'on pourrait appeler de statistique politique, en ce qu'ils présentent, pour ainsi dire, l'état de situation relative des puissances, les unes à l'égard des autres.

29.° Je ne connais que deux ouvrages de la première de ces deux espèces ; c'est l'Art de négocier, par Pecquet, qui fut garde des archives du ministère pendant près de vingt ans, et celui de M. de Callières, sur la manière de négocier avec les souverains : cet écrivain fut employé dans les négociations sous le règne de Louis XIV.

30.° Quant à ceux du second genre, je mettrai en première ligne la Politique de tous les cabinets de l'Europe, par Favier, édition de M. de Ségur, *3 vol. in-8.°*.

> Cet ouvrage est indispensable : il fait assez bien connaître la situation respective des États de l'Europe à l'époque où il fut écrit. Les notes de M. de Ségur sont un correctif utile des données trop systématiques et trop absolues de M. Favier.

31.° Il y a encore un ouvrage de ce genre dont je conseillerais la lecture, bien qu'il ait été fait par un écrivain de la classe des spéculatifs, et que cet écrivain, homme d'ailleurs très-recommandable par son caractère et par ses talens, ait été jusqu'à présent étranger aux affaires ; c'est le troisième volume de la Législation primitive, de M. de Bonald.

> M. de Bonald a une manière d'écrire extrêmement nette et vive ; il a des idées fortes et neuves ; il intéresse par la manière dont il sait les présenter ; et, s'il ne persuade pas toujours ses lecteurs,

Il leur fait au moins sentir le besoin de fonder leurs opinions sur des bases plus solides que celles sur lesquelles on se contente communément de les établir.

§. III.

32.° Les Collections de Dumont et de Rousset sont trop volumineuses, et cependant elles sont encore incomplètes. Celle de Martens est faite dans une meilleure méthode : elle renferme tout ce qu'on peut avoir besoin de consulter. Il y a encore un recueil de Wenck, intitulé *Codex juris gentium*, etc. qui contient, en *3 vol. in-8.°*, les actes diplomatiques depuis 1755 jusqu'à 1772.

33.° Il faut y joindre l'excellent Abrégé de l'histoire des traités de paix par M. Koch. Cet ouvrage n'est pas seulement une bonne analyse historique des événemens militaires et de tous les incidens des négociations, depuis l'établissement du système politique des temps modernes; il renferme encore une analyse textuelle et suffisante des principales conventions et des plus importans traités.

Cette collection d'extraits, les Mémoires de Torcy, l'Histoire du traité de Westphalie du P. Bougeant, l'ouvrage de Grotius, celui de Favier, (édition de M. de Ségur,) celui de M. de Raynoval, et la Collection de Martens peuvent être regardés comme classiques.

Voilà, dans la bibliographie générale, tout ce qui, à ma connaissance, appartient à l'étude, à la théorie de la politique extérieure et à l'application de ses principes. Ces livres, comme l'on voit, ne sont pas bien nombreux, et cependant je suis encore loin de dire que leur usage soit indispensable. On peut être un bon agent politique, sans les avoir tous lus : on peut très-bien conduire une négociation, sans avoir besoin de les prendre pour guides. Toutefois, la politique étant à la connaissance de peu de personnes, les auteurs qui en ont traité ont acquis dans l'opinion un crédit réel, quoiqu'il ne soit pas proportionné à leur véritable mérite. Il y a des discussions où leur autorité peut être employée utilement à l'appui de quelque prétention contestée. Il y a aussi, dans le plus grand nombre de ces ouvrages, des points de droit public qui sont très-bien éclaircis; et enfin, la plupart de ces écrivains étaient extrêmement savans. Ils ont recueilli un grand nombre de faits : sur chaque sujet donné, on est sûr de trouver, dans les chapitres qui en traitent, tous les exemples qui s'y rapportent; et les exemples sont, en général, la meilleure voie pour arriver à la solution de toutes sortes de difficultés.

Mais ce que ces écrivains ont fait, il faut le faire comme eux; et, pour se dispenser de l'ennuyeuse nécessité de lire leurs livres, il faut chercher dans l'histoire, dans la géographie, dans l'étude statistique des États, tout ce qui peut augmenter la masse des connaissances dont on a besoin pour bien connaître et apprécier justement la véritable base des rapports politiques qui existent entre ces États.

Je distingue en trois sections les ouvrages qu'un agent politique doit rechercher et qui sont plus nécessaires peut-être pour son instruction, que ceux qui appartiennent spécialement à la bibliographie diplomatique.

Ces trois sections sont, 1.° la géographie, 2.° l'économie politique, 3.° l'histoire.

§. Ier

Il y a une multitude d'ouvrages géographiques, qui sont tous, en général, défectueux, incertains, incomplets. Le moins imparfait de ceux qui existent, et que je regarde comme indispensable, est,

1.° La Geographie de Büsching, *13 vol. in-8.°*.

> Cet ouvrage n'étant pas fini, et ayant été trouvé d'un usage extrêmement utile et commode, on a senti la nécessité de refaire sur le même plan une géographie plus générale. Il y en a deux qui ont obtenu beaucoup de vogue en Angleterre; celle de Guthrie et celle de Pinckerton : cette dernière a été traduite en français.

2.ᵉ Je préférerais à ces deux compilations la Géographie de Mentelle, en *10 vol. in-8.ᵉ*, et plus encore le dernier ouvrage de M. Malte-Brun, sur la géographie générale.

La géographie de Büsching n'a pas d'atlas. Les cartes de la géographie de Mentelle sont d'une trop petite dimension. Je joindrai à ce travail un catalogue de cartes fait avec beaucoup de soin. Elles sont prises de divers auteurs, et suffisent au besoin qu'on peut avoir de ces sortes d'ouvrages dans les usages ordinaires. Cette collection se compose de cent cinquante-cinq cartes, et forme deux gros volumes in-folio.

§. II.

Il faut mettre au premier rang de cette section,

3.ᵉ Tous les ouvrages qui ont été faits sur le pays où l'on est envoyé en mission; — les ouvrages qui traitent de l'histoire générale et des histoires particulières de ce pays ; — les traductions de tous les ouvrages qui ont été faits par des écrivains de ce même pays, sur quelque sujet que ce soit.

4.ᵉ L'économie politique, qu'on a assez mal-à-propos qualifiée du nom de *science*, est cependant un objet d'étude d'un assez grand intérêt. Je trouve qu'à force d'avoir imaginé des principes et des systèmes pour l'avancement de cette prétendue science, on en est venu à s'apercevoir qu'elle n'avait point de principes, et que le meilleur de tous les systèmes était de rechercher et de classer les faits divers qui sont relatifs au commerce, aux productions et à l'administration de chaque pays.

On ne saurait avoir trop de livres relatifs à ce genre de recherches. Ceux qu'il faut s'empresser de recueillir, avant tout, sont les livres qui traitent du commerce, de l'administration, des produits, de la puissance et de la politique de l'Angleterre : car les agens diplomatiques de toutes les puissances du monde doivent se regarder comme étant dans un état constant de défiance, d'opposition et de concurrence, à l'égard des légations anglaises. L'Angleterre est une espèce de puissance universelle : elle est partout présente; et les efforts, les succès de son industrie, le but et la tendance de toutes ses entreprises, l'action enfin toujours menaçante de son influence, doivent être l'objet constant de la sollicitude de tous les gouvernemens et de la vigilance de leurs ministres.

Il est presque du devoir de tout agent politique de savoir lire les ouvrages anglais et d'avoir une bibliothèque anglaise, composée de tous les livres dans lesquels on peut trouver des renseignemens de fait sur ce qu'il importe à tous les gouvernemens de savoir; c'est-à-dire, sur l'origine, sur les accroissemens graduels, sur la marche encore actuellement progressive et sur la tendance finale de la politique anglaise.

§. III.

L'histoire est la leçon de tout le monde; elle est surtout la meilleure école des personnes qui se destinent à l'honneur de représenter et de servir les rois dans les fonctions de la politique extérieure.

A quelque âge que l'on soit, il faut se faire un système de lecture, relativement à l'histoire. Les ouvrages qui sont lus indistinctement ne laissent aucune trace dans l'esprit. Cette étude, cependant, doit l'agrandir, étendre sa sphère, et lui donner ce discernement prompt et sûr qui est si nécessaire dans la pratique des grandes affaires.

Il faut prendre les choses dès l'origine et considérer les causes qui ont successivement amené le monde politique dans la situation où il est.

Ce n'est qu'au seizième siècle que les gouvernemens modernes ont pris une marche régulière et une assiette fixe. Jusqu'alors, la prépondérance des papes et la résistance générale, mais mal concertée, des puissances chrétiennes contre la cour de Rome avaient entretenu, au sein de l'Europe, un point central de mouvement et d'ambition, qui, probablement, fut le principe du développement des lumières parmi les nations et d'une sorte de concert qui se manifesta alors dans les vues et les mesures politiques des gouvernemens.

La réforme de Luther et de Calvin et la découverte du nouveau monde donnèrent, presque simultanément, un grand éveil à l'Europe. La fermentation qui en résulta, procura d'abord aux gouvernemens des moyens qui leur manquaient pour débrouiller le chaos des institutions féodales ; le commerce, la liberté des opinions, vinrent de toutes parts à leur secours. Il s'éleva, au-dessus de la multitude infinie des petits États, trois ou quatre puissances de premier ordre, qui, ayant des forces imposantes à leur disposition, se firent de grandes guerres, les soutinrent avec méthode et les terminèrent avec réflexion.

Voilà l'origine du droit public dans les temps modernes. Le premier résultat de cet état de choses, si différent du vague, des désordres, de la faiblesse et de l'ignorance des temps antérieurs, a été la guerre de trente ans et le traité de Westphalie.

Il faut avoir les ouvrages les plus propres à faire connaître la situation morale, politique et administrative des États de l'Europe au seizième siècle. Je citerai, mais sans prétendre rien donner de précis et de complet :

5.° L'Histoire de Charles-Quint, de Robertson, *6 vol. in-12 ;*

6.° L'Histoire de Léon X, par Roscoë ;

7.° L'Histoire de la découverte de l'Amérique, par Robertson ;

8.° L'Histoire des découvertes dans les Deux-Indes, par l'abbé Raynal : ouvrage où la raison, le bon sens et les bienséances sont sans cesse outragés, mais qui abonde en faits instructifs et en recherches utiles ;

9.° L'Histoire de la guerre de Trente ans, par Schiller ;

10.° L'Histoire du président de Thou ;

11.° Les *Mémoires* de Sully [1] ;

Et un assez grand nombre de mémoires qui ont été écrits par des hommes de ce temps.

[1] L'auteur oublie quelques ouvrages du temps fort importants, comme les *Mémoires d'État* de Ribier ou les *Mémoires de Nevers* ; mais, de nos jours, que de travaux de premier ordre sont venus s'y ajouter !

En suivant le fil de cette suite d'ouvrages, on sera soi-même guidé par ses propres impressions, et porté à rechercher les livres qui rendent compte des événemens ultérieurs. L'époque du traité de Westphalie est une espèce de point de repos : il semble que la politique y ait pris une sorte de marche régulière et désormais uniforme. En se portant de cette époque à celle qui a précédé la Révolution de France, on sera frappé d'une énorme différence dans la correspondance relative des États, et on sentira le besoin d'en rechercher les causes.

Sans prétendre ici à une aucune précision sur un point qui au fond ne peut en être susceptible, j'indiquerai trois causes que je regarde comme principales : elles sont, 1.° le développement du *Système commercial*, qui, faible et d'un intérêt secondaire à l'époque du traité de Westphalie, a fini par se mêler à tous les rapports de la politique, a dominé sur tout, et a couvert le monde de débris et de nouvelles institutions ; 2.° l'apparition, au nord de l'Europe, de *la Russie*, puissance inconnue au 16.° siècle, et qui, dans le cours du 18.°, est intervenue dans toutes les guerres, a dicté des lois autour d'elle, et a porté ces entreprises jusqu'en Hollande et en Italie ; 3.° l'élévation de *la Prusse* ; cet état était si peu important lors des négociations de Munster, que l'ambassadeur de France refusa le titre de *Monseigneur* au souverain qui le gouvernait. Cent ans après, le successeur de ce prince a résisté aux deux premières puissances du continent réunies contre lui, et les a successivement battues. Il est devenu, en Allemagne, le rival en puissance de la maison d'Autriche, et il a dépouillé la France d'un droit de protection, qui constituait et constatait notre prépondérance sur le continent.

Ces trois causes ont besoin d'être étudiées. On sent qu'ici je ne puis donner un catalogue de livres ; mais j'avertis que tous les ouvrages qui, d'une manière directe ou indirecte, éloignée ou prochaine, pourront jeter du jour sur l'action constante et toujours croissante de chacune de ces trois causes sont faits pour entrer dans la bibliothèque d'un agent diplomatique.

Mais ce qu'il importe surtout d'observer, c'est que le système des grands rapports du monde politique ne saurait s'établir sur une base immuable. Ce système, dans sa marche constante et dans ses perpétuelles variations, n'a jamais eu que des momens de repos : tels sont ceux qui furent marqués par le traité de Westphalie, par le traité d'Utrecht et par celui de 1763. Mais, au temps même où la politique semblait s'établir sur des bases qui paraissaient solides, les causes qui l'avaient mise dans une situation nouvelle, se préparaient insensiblement à la changer. Il faut observer avec une extrême attention l'action de ces causes dans les temps passés, pour pouvoir pressentir, autant que nous en avons la faculté, le résultat de cette même action dans l'avenir.

Voilà le secret de la politique. Tel est son but. La lecture et une étude assidue éclairent la voie qui y conduit. Tous nos efforts doivent tendre à en rapprocher, si, comme je le crains, il ne nous est pas donné de l'atteindre.

PARIS. — TYPOGRAPHIE PLON-NOURRIT ET Cⁱᵉ, 8, RUE GARANCIÈRE. — 2250.

Documents manquants (pages, cahiers...)

NF Z 43-120-13

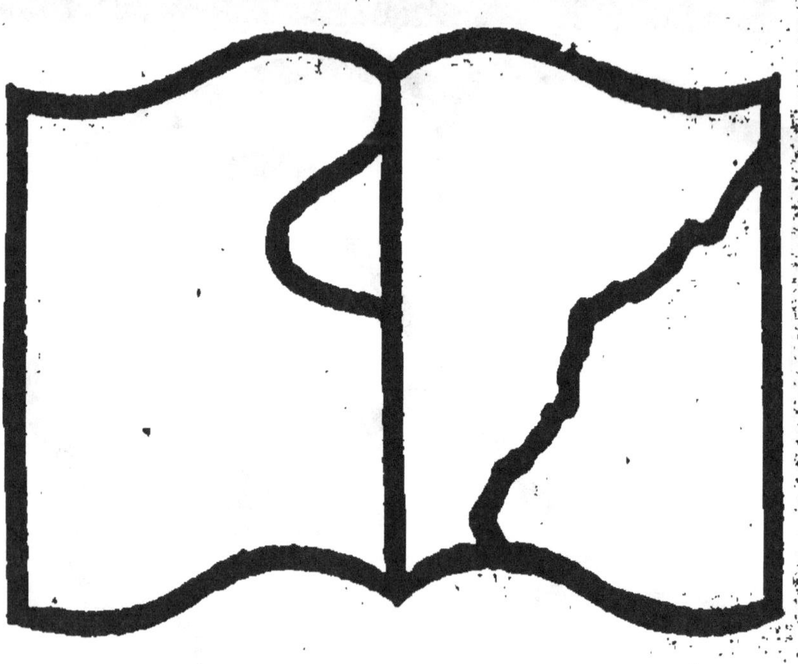

Texte détérioré — reliure défectueuse
NF Z 43-120-11